U0459108

| 博士生导师学术文库 |

A Library of Academics by Ph.D.Supervisors

民国小学母语教育研究

朱季康　著

光明日报出版社

图书在版编目（CIP）数据

民国小学母语教育研究 / 朱季康著 .-- 北京：光明日报出版社，2020.5

（博士生导师学术文库）

ISBN 978-7-5194-5700-6

Ⅰ. ①民… Ⅱ. ①朱… Ⅲ. ①小学语文课—教学研究—中国—民国 Ⅳ. ① G623.202

中国版本图书馆 CIP 数据核字（2020）第 059249 号

民国小学母语教育研究

MINGUO XIAOXUE MUYU JIAOYU YANJIU

著　　者：朱季康

责任编辑：杨　茹　　　责任校对：李小蒙

封面设计：一站出版网　　　责任印制：曹　净

出版发行：光明日报出版社

地　　址：北京市西城区永安路 106 号，100050

电　　话：010-63139890（咨询），63131930(邮购)

传　　真：010-63131930

网　　址：http://book.gmw.cn

E - mail：yangru@gmw.cn

法律顾问：北京德恒律师事务所龚柳方律师

印　　刷：三河市华东印刷有限公司

装　　订：三河市华东印刷有限公司

本书如有破损、缺页、装订错误，请与本社联系调换，电话：010-63131930

开　　本：170mm × 240mm

字　　数：200 千字　　　印　　张：14.5

版　　次：2020 年 5 月第 1 版　　　印　　次：2020 年 5 月第 1 次印刷

书　　号：ISBN 978-7-5194-5700-6

定　　价：95.00 元

版权所有　　翻印必究

前 言

本书主要研究民国时期小学母语教育的种种理论与现象。第一章主要探讨民国母语教育的生态环境，包括民国语言分布的基本情况、民国语言使用的区域状况以及各民族语言交流的状况。第二章论述民国小学母语教育思想的内容，包括标准国语的界定、国语推广与少数民族小学母语教育的矛盾。第三章分阶段、分区域、分党派政府谈及民国小学母语教育的政策与制度。第四章谈民国小学母语教育课程与教学的基本问题。第五章涉及民国小学母语教科书的种种内容，包括民国教育部门对小学母语教科书的编纂要求、民国小学母语教材的基本情况、民国小学母语教科书的语言、对民国小学母语教科书的评价等。第六章是对民国小学母语（国语）教学参考书与学生读物的研究。第七章专论民国小学母语师资问题。第八章从识字、语言、课文（读文）、作文等方面谈民国小学母语教学的各单项教学内容。第九章谈影响民国小学母语教学的特殊因素。第十章分汉族区域与少数民族区域两个区域谈民国小学母语（国语）教育实际效果。第十一章对民国小学母语（国语）教育的民众能动性进行了分析。第十二章评价了民国小学母语教育为社会带来的正负效应。

目　录

CONTENTS

导　言

母语，是我们每个人都熟习、使用，并深深眷恋的语言，从我们出生开始接受母语的熏陶，直至此生无论漂泊何处，都会难改乡音，终身抱有母语情结。母语教育，是每个民族成员的必需教育；母语学习，也是每个民族成员的天然义务。说母语，是维系你我对民族、国家认同的一个重要表现，也是每个人融入这个和谐社会的必要工具。

我国是一个多民族、多语言、多文字的国家。除了汉语这一通行全国的语言外，还有各少数民族母语与之并存。而在汉语内部，亦有若干个复杂的方言分区，语言生态十分复杂。民国时期，存在着纯粹使用本民族母语，混用本族语、外族语，以及因为日本侵华所带来的语言殖民等语言使用情况。

清末民初，中国各地在语言教育上的主要努力包括在少数民族地区开展各民族母语教育；在少数民族地区推广汉语教育；鼓励汉族学习少数民族语言等三个方面。民国时期，国语运动兴起，学界开始制定国语标准的尝试，并引发了持续的争论。最终，确定了具有国家意志的国语标准。同时，具有汉族母语统一性质的国语运动必然对少数民族的小学母语教育产生一定的影响。在少数民族小学教育阶段进行国语与母语学习教育的双语模式是客观环境所决定的。

民国政府首先对涉及汉族小学母语教育的语文教育进行了重建。国民政府对少数民族语言教育的政策是随形势变化而不断演变的。民国初期，国民政府教育部门未特别关注这一领域，至20世纪30年代才有一些针对性的具体政策出台，提出了各民族语言平等，但语言教育统一的教育原则。民国时期，中国共产党制定与执行了坚持民族平等、支持发展少数民族母语的语言教育政策。台湾光复后，面对大部分台湾民众主要使用日语的现实，为实现国家通用语言的统一，恢复台湾汉族民族母语的使用，国民政府制定了“去日本化”、重塑民族母语的教育政策。

“五四”运动中，国语运动的发展推动了国语课程的诞生。1920年1月，教育部通令全国各国民学校改国文课程为国语课程。在此基础上，教育界又继续向前推动，主张将国语课程进行根本性的改组，包括将读文内容改以儿童文学为主，而将以往国文中的实用知识等内容改移至社会、自然等各科中，同时加强文字表达的丰富性等。这些主张首先在江苏等地的小学中得到支持与实践。随着标准音、标准语的争论逐渐深入，也要求提倡国语必须有语言的教学，从而推动了国语课程纲要的出台。1923年，《中小学课程标准纲要》应运而生，其中对于“语言”与“文字”，即口语与书面语的各类课程要求，明确了国语课程的地位。

在小学国语教育的基本问题及具体教学方法上，民国学界进行了大量的研究与实践，取得了很多成果并获得了经验。围绕小学国语教学与文言文教学、方言与小学国语教学、小学国语教学的口头语言与书面语言这三个关系的讨论与实践一直是民国小学国语教学中的热点。同时，在针对少数民族及侨民的小学国语教学中，注音符号在少数民族小学国语教学中的作用，少数民族小学语言单语模式的弊端及海外小学国语教学的推行都得到了民国学界的关注。除了国语教学法领域基本问题上的广泛争鸣外，有关小学国语教学的程序研究也在20世纪三四十年代取得了一些进展。1932年，《新学制小学国语课程标准》颁布后，小学国语教学的范围逐渐扩展到语法、修辞、略读、精读、注音符号、说话等方面。很多学者结合当时的国语教科书设计提出一系列国语教学法。民国小学国语教育在识字、语言、课文及作文等单项教学领域的实践中都积累了一些经验，可供总结与学习。

民国初期，在教科书出版制度采取“审定制”的推动下，民国小学教科书的编撰较为自由，发展迅速。但在全面抗战时期，在教科书出版制度“部审制”的要求下，民国小学教科书的出版受到了一定限制，其成果也相应减少，小学国语教科书也有着同样的趋势。同时期，边疆地区的少数民族母语小学教科书与海外地区的汉语母语小学教科书都有所发展，为不同的母语小学生群体提供了实际便利，促进了不同母语群体的教育发展。民国小学国语教学的参考书与学生读物的编纂是随着小学国语教育的推进渐次开展的。20世纪20年代之前，民国小学国语教学参考物与学生读物都较少。从20年代开始，很多出版机构、教育机构及个人开始在此领域发力，成果也不断涌现。民国小学国语教科书、教师参考书籍及学生读物，在国语运动的潮流下，在小学国语教育的推行下，有了前所未有的发展，成果丰硕。但其中存在的问题，也让民国学界有所警惕。

整个民国时期，小学母语教育的师资力量都没能达到理想的状态，针对小学母语教师的语言培训严重缺乏。由于教学水平不足，很多小学教师在课堂上进行国语教学的时候存在着明显的错误。与研究国语的学术界不一样，民国小学教师学习国语大多是被动的。还有一种普遍的情形，就是教师在勉强使用着国语进行教学，但是并不强迫或难以强迫学生使用国语，甚至有一些小学教师是反对国语教学的。在少数民族小学中，少数民族语言教师在学习国语的难度上较之汉族教师更胜一筹。民国教育部门面对这种国语师资缺乏的情况，也想方设法采取了一些积极的措施。如他们要求、鼓励各地教育部门为当地小学教师开设各种形式的国语补习训练机构与课程，包括在各县开设劝学所、国语传习所等，以及夜班、星期班、假期班等。民国教育部门希望通过这些培训，使小学教师们能够迅速提升国语水平，并坚持使用国语进行教学。小学国语师资培训的潮流从中央及于地方，勃然兴起。在各省区，教育厅、劝学所、教育会等机构都纷纷采取措施。还有一些其他的组织也出于不同的目的，参与进来，客观上为小学国语教师培训做出了贡献。在少数民族地区小学的国语教师培训方面，民国教育部门也做了一些工作。有关小学母语教师所要达到的国语水准，民国政府教育部门似乎并没有一个完整的评估体系，仅是在一些政策文件中有着一些模糊的表述。民国的一些学者据此提出了各自的理解。

民国小学母语教育存在着一些特殊的因素，这些特殊因素在民国小学母语教育的特定历史阶段有各自的施力，影响着民国小学母语教育的推广与进行，对这些特殊因素的分析体现出民国小学母语教育的阶段性与复杂性。在这些特殊因素的影响下，国语标准不断进行着修改。具体来看，北京语与国语的特殊矛盾、各种社会文化潮流、汉族区域群体文化、政府控制、民族融合目标等都是民国母语教育的特殊因素。

民国小学国语教育实施前，无论是全国语言通达方面，还是全国小学语言教育方面，都缺乏亮点。在少数民族地区，汉族与少数民族语言隔阂的情况十分严重。而在一些将宗教教育内容作为启蒙教育内容的少数民族地区，如实施伊斯兰经学启蒙教育的新疆地区，民族与民族之间语言的障碍更加严重。对于民国小学国语教学的效果评估，从整体上来看是呈上升态势的。民国初年，这方面的评估效果很难令人满意。对于小学国语教育的推行理想，民国学者们也有一些想象，但也有人对于国语教育的未来并不那么乐观。这段时期，民国教育界除了积极推行国语教学外，也开始对教学效果开展了一些评价工作。一些观察从宏观上指出小学国语教育还需要时间的积淀以及强力的监督制度才能有实效，也有一些评价具有现实与指导意义。在小学国语教育推行的部令下，少数民族地区小学国语教育亦有一定的进步，但区域性差异非常明显，主要受语文学习环境、习惯，双语师资的培养等因素的综合作用。外国传教士在我国边疆少数民族地区进行的宗教传道教育虽然不乏文化侵略的性质，但在客观上也加深了这些地区少数民族接受国语教育的基础。少数民族聚居地区的教育基础较内地薄弱，单薄的基础教育事业无论在体量规模上，还是质量上，都难以承担小学国语教育推广的重任。一些少数民族聚居区流行着漠视教育的风气，尤其是不愿意接受汉族所主导的教育模式。少数民族聚居区的一些所谓的“教育”，其实质却是宗教教育，与世俗教育有很大区别。在小学国语教育实施的同时，对于国语标准的争论依然在持续，这些争论也影响到了小学国语教育的推行。方言区的一些小学教师对方言怀有感情，在教学过程中不自觉地使用方言的情况十分普遍。而更加复杂的是，民国小学国语教育的推行，还引起了民众语言心理上的变化。

民国小学国语教育的推行大多依靠学术界、教育界人士的倡议与实践，就其大众化过程来看，普通民众对于小学国语教育的能动性一直没有得到积极的调动。虽然官僚、商人阶层，以及大部分中上层知识分子等群体对国语持有热情的态度，但大部分普通中下层民众却对国语教育推广没有积极投入，对于小学国语教育更是无感。普通民众在小学国语教育方面动力不足的原因很多，其中最主要的是受各个汉族方言区域群体性心理，一些地区的少数民族轻学风俗，语言使用生态的坚守与变化，民众国家意识是否觉醒等因素的影响。

民国小学母语教育的推动与实践，是在国语推广的大背景下进行的。国语推广既包含着将汉族方言统一于国语，也包含着推动少数民族对汉语语言的学习，其目标在于塑造一个全国各民族各区域皆能接受和应用的统一的语言体系。从这个意义来看，小学国语教育既是汉族小学的统一母语的教育，也是少数民族对于汉语学习的统一标准的教育。自20世纪20年代初至40年代末，民国教育部开展小学母语教育将近三十年的时光中，民国小学母语教育在发展的同时，为民国社会带来了正面与负面的效应，值得我们探究。

第一章　民国母语教育的生态环境

一般认为，“民族”是19世纪末20世纪初引进到中国的意识概念。在大多数情况下，人们所理解的民族语就是该民族的母语。如果说民族语言是相对于民族集团而言的概念，母语则是个体所使用的语言概念。两者在绝大部分情况下是一致的，亦有部分人出生后所习得的第一语言并非其民族语言，而是他族语言。清朝虽有多种语言使用与教学，但在汉族地区，政府以《圣谕广训直解》作为语言教学的标准语言教科书，并要求各地学堂必须讲习汉语官音，所谓：“各国言语，全国皆归一致，同国之人，其情易洽。”① 民国肇始后，汉族的母语汉语无论是从使用区域、使用人口上估算，都是中国第一大语言，也是官方语言，得到了广泛的推广。时人就以为汉语在当时已经成为事实上的中国国语。如周作人所述：“我所以为重要的并不是说民族系统上的固有国语，乃是指现在通行活用，在国民的想法、语法上有遗传的影响者，所以汉语固然是汉族的国语，也一样的是满族的国语，因为他们采用了一二百年，早已具备了国语的种种条件与便利，不必再去复兴满语为国语了。”② 清末民初，汉族与少数民族相互学习各自母语的情形存在着区域差异，在部分地区较为普遍，但在新疆、西藏等地区并不理想。马学良说：“我国边疆民族的复杂，语文的分歧，几乎

① 新定学务纲要 [J]. 东方杂志，1904（4）：84.

② 周作人．国语改造的意见 [J]. 东方杂志，1922年第17号．

是在世界上任何部分所罕见的现象。书不同文，语不统一，为数千年来立国之憾事。”①

第一节　民国语言分布的基本情况

民国时期，我国语言的使用分布情况大致如下。

一、民族语言

中国是一个多民族、多语言、多文字的国家，据中华人民共和国成立后的调查，除了汉族所使用的汉语之外，有53个少数民族有自己的语言。在民国时期，主要生活于云南、贵州、西康、陕西、甘肃、宁夏、青海、新疆的一些少数民族也已经具有了自己的民族文字。② 一些地区的少数民族语言成为当地的主流语言。张国玺说："居住在天山南北的人民，约有百分之九十是用维文的，维文在新疆的重要，由此可见一斑。"③ 尤其是在内蒙古、新疆、西藏、西南等地区的少数民族，他们的语言与汉族的汉语完全不同。芮逸夫说："中国边疆民族之语言分属汉藏、阿尔泰、印欧、南亚、南岛五个语系。"④ 满蒙回其族语皆属于阿尔泰语系；如蒙、番、苗、瑶、黎、倮罗、摆夷与汉语皆为汉藏语系；华南海外的台湾的土语又另属南岛语系。⑤ 相较于大多为一音一义的汉族单音语，中国的一些其他民族语言则有很大不同。如包括多音为一义的，而不变化其语尾，追加联结，

---

① 马学良．边疆语文研究概况 [J]. 文讯，1948（6）：595.

② 哈正利．论我国少数民族语言文字政策的完善与创新 [J]. 中南民族大学学报（人文社会科学版），2009（5）：17.

③ 张国玺．从新疆语文说起 [J]. 西北世纪，1949（3）：7.

④ 芮逸夫．中国边疆民族之语言文字及其传授方法 [J]. 中国边疆，1948（11）：1.

⑤ 黎锦熙．国语边语对照表"四行课本"建议 [A]. 中国第二历史档案馆藏档案，教育部档，第5-12301号．

以示种种之意味的满蒙两族的连结语；包括多音为一义的，但变化其语尾的回族的屈曲语；系介在单音，联结二语之间的藏族的中间语等。[①] 民国时期一些少数民族文字还可分为象形文与拼音文两种。象形文主要为倮罗文、么些文等；拼音文主要为满文、蒙文、维文、藏文、擺夷文等。

二、方言区分

黎锦熙曾说："世界各种族语都是'与生俱来'的，正和汉语中的方言是各个人的'母语'一样，在民众的日常生活上，永远是流动着，活动着。"[②] 亦有学者认为："汉语方言的形成和音变、移民、政治疆域改变、资本主义经济与身份认同都有关系，但影响最深远的应该是音变和移民。"[③] 在汉族语言中，虽然是来源相同的同一语言，但受人民迁徙，交通阻隔，气候相异等诸多因素的长期影响，历史上即形成了各个相对独立的方言区域。因而，"遂有音调之不同，因之而造成不同之方言，小之如南京镇江，大之如浙江福建皆各有其方言，虽其音不同而其字则一。故云方言之不同而非语言之不同，复因时化之推移，故个时代之方言亦遂有异矣。"[④] "方言的不同体现在方音（同一字而不同音）、辞类（除音不同外尚有用字之不同）及文法（句子之结构大致相同，惟亦稍有出入）等方面。"[⑤] 从某种意义上来说，汉族各地方言可称为各地汉族人民的各自母语分系，而汉语是汉族统一的母语。

民国学术界对于汉语方言的研究一直有着浓厚的兴趣。早在1912年，马裕藻就对中国汉语方言进行了剖析，他根据定海胡氏所述，判断中国汉语方言大致有十个类别，其区域与划分理由分别如下：黄河以北之境，北至塞，东至海（其方言高亢。韵虽不完，然多唐虞之遗音）；陕西（汉唐

① 叶霖．国语教学上的语言统一训练问题的研讨 [J]. 安徽教育辅导旬刊，1936（28）：25.

② 黎锦熙．国语边语对照"四行课本"建议 [J]. 文艺与生活，1947（2）：2.

③ 刘镇发．百年来汉语方言分区平议 [J]. 学术研究，2004（4）：128.

④ 赵元任．语言调查 [J]. 金陵女子文理学院校刊，1935（2）：10.

⑤ 赵元任．语言调查 [J]. 金陵女子文理学院校刊，1935（2）：10.

以来，流风余韵，犹有存者。陆法言谓秦陇则去声为入，梁益则平声似去，至今犹然）；河南、湖北沿江东下至于镇江之境（尔雅中正，纯为夏声。而武昌汉阳，尤为纯正）；湖南（多带楚声）；福建；广东；漳泉惠潮嘉应五州（与他州颇异。中原古音，间有存者，如化石然）；开封以东至曹沇沂诸州以至江淮之间（方言虽带朔风，而四音具备）；江南之苏松常太仓、浙江之杭湖嘉兴宁波绍兴等处（音多濡弱）；徽州宁国之高原地（别为一种方言。浙江之衢严金华、江西之广新饶州，皆属之）；四川（其音与关中无大差异）而其他"如云南贵州广西三部，皆因人为强迫之力，咸从中原之音，与四川湖北相同。至于湖南之沅州，有类贵州之音，犹之浙江之温台处诸州，大抵近于福建之福宁。而福建之汀州，则颇似江西之赣州也"[①]。这是民国时期较早的系统地对全国汉语方言区域进行划分的尝试。此后，不少学者陆续对汉语方言区的划分提出了自己的观点。1915年，章太炎又将汉语方言分为河北、山西；陕甘、河南东部、山东、江淮；四川、云南、贵州、广西；河南南部、湖北、湖南、江西；广东；福建；江苏南部、浙江北部；安徽等方言区。1934年，黎锦熙则重新界定全国汉族方言为11个分区，将上述章太炎界定的河南东部、山东江淮分区拆分为河南及江淮两部，将河南南部、湖北、湖南、江西分区拆分为江汉、江湖两区，将江苏南部、浙江北部分区拆分为瓯海与太湖两区，其余分区则大致相同。同年，中央研究院历史语言研究所将汉语方言区分为北方官话、华南官话、客、粤、海南、闽、吴等七方言区。五年后，该所又将北方官话方言区拆分为北方官话、上江官话两个方言区，将华南官话方言区拆分为西南官话与湘两个方言区，同时改海南方言区为潮汕方言区，另增加了皖方言区。而在1937年，李方桂就曾做过类似的修正，其与1939年中央研究院历史语言研究所方案所不同的仅是称上江官话为东部官话，将湘方言区的部分地区与客方言区合并为赣客方言区，将潮汕方言区并入闽方言

① 马裕藻．小学国语教授法商榷[J]．东方杂志，1912（9）：17.

区。1948年，赵元任与中央研究院历史语言研究所又分别提出新的观点，两者都将闽方言区分拆为闽南、闽北两个方言区，而赵元任延续了李方桂的赣客方言区界定，历史语言所则依然坚持赣客方言区的分离，并坚持徽（皖）方言区的存在。

亦有民国学者对汉语方言的音调进行了调查，如根据叶霖在1936年依据地理关系的分析："中国的语言，因所在之地不同，故其音调亦随之各异。"[①]具体则是："其北带者——多近于操北平音，其中带者——多近于操南京音，其南带者——多近于操桂林音。"[②]这类领域的研究假说与成果亦十分丰富。

事实上，由于地理上地形地貌的多样与历史上民众迁徙的不定，汉语方言的种类区分十分复杂。从微观上进行观察，即使是一省一县之内，汉语方言的差异都令人震惊。除了汉族方言之外，分布区域较大的一些少数民族亦有方言差异。以西康为例，"西康语言，有地脚话及官话之分，地脚话为各地方之方言，官话则西康通行之语言也，惟西康纵横数千里，山岳延绵，形势隔阂，官话之中亦不无随地歧异之地，大抵地脚话，多由复音组成，唇舌宛转，非其土著，不易了解"[③]。民国学者闻宥说在少数民族所居住的西康、四川、云南、贵州、广西、青海、甘肃、湖南、湖北、陕西、广东、西藏诸省内，"约有二三百种名称不同的边民，这些名称不同的边民，同时也操着音质不同或语态不同的方言"[④]。事实上，少数民族方言也即各少数民族母语的分系。

① 叶霖．国语教学上的语言统一训练问题的研讨 [J]. 安徽教育辅导旬刊，1936（28）：25.

② 叶霖．国语教学上的语言统一训练问题的研讨 [J]. 安徽教育辅导旬刊，1936（28）：25-26.

③ 新西康之全貌：土著之语言文字及社会生活 [J]. 经济研究，1940（2）：16.

④ 闻宥．西南边民语言的分类 [J]. 学思，1942（1）：338.

第二节　民国语言使用的区域状况

当时并非全部的少数民族语言都处于正常使用的状况，黎锦熙就对一些少数民族语言有过这样的评价："这些文字有的仍在使用，有的于实际应用上已至半死状态。"[①]

一、纯粹使用本民族母语的区域

民国初期，在少数民族人口占多数的地区，大多以本民族母语为主要交际语言，很少有人学习或使用他族语言。往往会出现"汉族与各夷族间及各夷族相互间，语言大都不能相通"[②]的情况。以新疆为例，杨增新执政新疆时，其政府雇员大多为汉族人，但这些汉族官吏多不识当地的少数民族语言文字，且"回人识汉文、懂汉语者每县有三数人"[③]，这种现象造成了行政治理上极大不便；至盛世才任新疆督办后，为了工作需要，还专门设立了翻译室，每次开会，有几个民族的人参加，就要安排几个语种的翻译人员进行翻译，十分费时费力，行政成本很高。

二、本族语、外族语混用的情况

随着经济、政治、文化等领域的交流日益频繁，各民族成员之间的联系逐渐加强，一些儿童自出生后首先习得与使用的并非本民族母语，而是他族语言，此类语言现象在中国历史上并不少见，民国时期也不例外。如一些少数民族儿童在汉族聚居区长大，受语言环境的影响，首先习得了汉语。在一些较强势的少数民族与相对弱势的少数民族混居区域也会出现这种现象，如广西瑶族有的儿童首先学会壮语，而本族的布努语却在其后习

① 黎锦熙．国语边语对照表"四行课本"建议 [A]. 中国第二历史档案馆藏档案，教育部档，第5–12301号．

② 芮逸夫．西南民族语文教育刍议 [J]. 西南边陲，1938（2）：45.

③ 陈世明．新疆现代翻译史 [M]. 乌鲁木齐：新疆大学出版社，1998：4.

得。此外，由于生活、生产、交流的需要，或受迁徙的影响，一些少数民族或汉族人民除了使用本族母语外，还会经常使用他族语言。甚至还存在着一个民族使用若干种本民族母语或他民族语言的现象，如瑶族使用着勉语、布努语、珞珈语和汉语。这种本族母语、外族语混用的现象使得民国各民族母语使用的状况更加复杂。

三、日本侵华的语言殖民

日本在侵华过程中，一贯将语言殖民作为侵略的工具之一。如“日本吞并了东三省，不及半载，那本庄繁就令将各教科书及各学校一律改用日文来教授。”①在东北吉林地区，伪教育厅就“积极提倡人民学习日语，对各县市旗的设立日语学校者均以优越的奖励与扶助，以期日语普及，成为东北通行的语言。”②而在民国各地母语语言使用的情况中，最特殊的是台湾地区。清代台湾地区人民原本使用汉族方言及高山土著族语言，但中日甲午战争后，日本吞并了台湾地区，实施强力的语言殖民政策。“日本人更毒辣的手段，是废止台湾话，一切近代文明产物的名字如无线电、收音机、火箭炮等，都要大家说日本话，这样，台湾话就愈弄愈少了。因为台湾话与闽南话很相像，台湾话可说是中国话的一系统，所以只要台湾话一旦消灭，台湾人对祖国的精神联系就可以全部的隔断了。”③在1895年至1945年的50年间实行语言殖民政策，强制性推行日语（其时称为日本“国语”）的学习，淡化台湾地区人民对汉语及少数民族语等母语语言的使用。日据政府在台湾地区设立了“国语”传习所等语言学习机构，全力进行日本语言的推广，以语言的同化实现对台湾民众的同化。同时特为台湾地区的少数民族设立了“蕃童教育所”或“山地公学校”，强制少数民族

① 陈宝铨．语言文字与民族存亡之关系 [J]. 南中，1932：127.

② 日本的语文侵略 [J]. 语文，1937（1）：26.

③ 何容、朱宝儒．语言教育的重要在台湾：日本人是怎样统治台湾的 [J]. 国民教育辅导月刊（上海），1948（6）：7.

儿童进入这些机构学习日语。为了吸引这里少数民族儿童入学学习日语，这些机构曾经一度提供免费的膳食与住宿。这种做法明显提高了台湾少数民族儿童的入学率。至1941年底，台湾少数民族适龄儿童入学率达到了86.35%，甚至超过了台湾地区汉族儿童的入学率。日据政府的这些语言教育措施背后有着险恶的政治目的。“日据当局在少数民族地区大力培养懂日语且亲日的青年，以逐渐取代旧有的部落头目和有势力者。”① 同时，日据政府还开办了“国语讲习所”“青年夜学会”“家政讲习所”等“抚化教育”机构，对成年台湾民众进行日语教育。日据政府的这些语言殖民举措十分有效。“在日本殖民政策之下，他们第一是求同化，所以要台湾人把日本话认作国语，而禁止说台湾话，五十年教育的结果，小学生果然只会说日本话，而不会说台湾话了。”②

经过数十年的日语推广，台湾社会的母语生态有了很大的改变。据统计，“到1920年，日语在台湾的普及率为2.86%；1932年，台湾居民解日语者，合计1023371人，占总人口22.7%；1936年共计1641063人，占总人口32.9%；1940年已达到总人口的51%；1942年约达58%；而到1944年日方宣传已达70%。”③ 日语取代台湾地区民众原母语的趋势已经很明显。因此，1945年，台湾光复后，台湾社会的语言冲突现象十分严重。当时，语言冲突不仅体现在台湾社会的各种族群中，还体现在各年龄段的群体中。《申报》当时报道：“台湾老年人懂得国语文（汉语），能说台湾话，中年人写日文，能勉强说台湾话，少年则说写全为日文。”④ 这种现象在国民政府教育部国语推行委员会的官方报告中也有提到：“除年老等尚能操闽南语之外，所有青年儿童，多半能说日语而不懂国语。”⑤“一般人对本国文字

① 姜莉芳．台湾是少数民族语言教育历史嬗变述评 [J]. 百色学院学报，2012（1）：94.

② 味橄．台湾的国语运动 [J]. 台湾文化，1947（7）：6–7.

③ 矢内原忠雄．日本帝国主义下之台湾 [M]. 周宪文，译．台北：台北帕米尔书店，1985：152；徐子为、潘公昭．今日的台湾 [M]. 中国科学图书仪器公司，1948：187–188.

④ 台湾人热心学习国语 [N]. 申报，1946–11–06（6）.

⑤ 致黄司长函 [A]. 中国第二历史档案馆藏档案，教育部档，第5–12294号．

尚缺乏正确之理解与自由运用之能力。”[①]极端例子如1946年的花莲县花莲区士林乡，该乡“民众十之八九通行日本语言，而文字亦应用日文”[②]。

可见，经过50年的日语强制学习，汉语母语在台湾地区汉族民众的现实使用中已经日渐式微，随侵略者而来的日语反而成为该地区的强势语言。日本在占领中国大陆各地时都采取了语言殖民的政策和措施，强制中国人民学习日语，放弃母语。大陆的沦陷区内日语的使用情况没有台湾地区那么普遍，很大程度上有赖于沦陷时间、语言习惯、推广力度等因素的综合影响。

第三节　清末民初各民族语言交流的状况

清末民初，中国各地在语言教育上的主要努力包括在少数民族地区开展各民族母语教育；在少数民族地区推广汉语教育；鼓励汉族学习少数民族语言等三个方面。

一、少数民族母语教育方面

清代，中国少数民族的母语教育大多不是通过纯粹的学校教育形式进行的。芮逸夫说：“中国边疆民族旧时之语文教育可分寺院、巫师、学塾三种传授方法。”[③]

清政府曾一度禁止新疆的少数民族使用本民族的语言文字办学，认为这是一种“离经叛道”的行为，但限于宗教因素，政府对于宗教寺院的语言教育客观上并不加干涉。而在清末民初的新疆，寺院是当地的少数民族

① 台湾地区语文教育的现状和当前的需要[A].中国第二历史档案馆藏档案，教育部档，第5-12283号.

② 花莲县花莲区士林乡高山族概况（1946年7月22日）[M]// 陈鸣钟，陈兴唐. 台湾光复和光复后五省省情（上）. 南京：南京出版社，1989：262.

③ 芮逸夫. 中国边疆民族之语言文字及其传授方法[J]. 中国边疆，1948（11）：2.

学习语言最主要的公共场所。“离去寺院，几无教育之可言。”①“如伊斯兰教徒之习维文皆在清真寺，蒙藏喇嘛之习藏文皆在喇嘛寺，擺夷及少数崩龙、蒲人、佧喇等佛徒之习擺夷文皆在佛寺。”② 只是这些语言学习的受教者在整个少数民族群体中是极少数，其学习目的也是为了宗教信仰的巩固与传承，其语言学习的内容皆是宗教经典文字。如芮逸夫所说：“其教学目标，重在唪诵经典，用文字以表情达意，其次也。”③ 这种语言学习与母语教育的宗旨是相背离的，如当时新疆地区的蒙古族“既不向学，识字者亦稀，喇嘛所讽经，皆唐古忒文与蒙文，又异于记事记言，毫无实用”④。

至于少数民族巫师所进行的语言教育，是为了培养下一代巫师，多是以经咒为教材，其旨同样不在于语言文字的日常应用。“如倮罗文，完全由呗耄师徒授受，在倮罗人中，惟习为呗耄者，始习倮文，否则，无倮文教育之可言。么些为东巴者，始习么文，否则，亦无么文教育之可言也。”⑤

而少数民族学塾中的语言教育，较之前两者，相对回归了母语教育的本意。这类少数民族的学塾所教授的都是民族母语，教学模式亦与汉族学塾相类似，在语言学习上着眼于实际运用。“如满文之在新疆、伊犁一带，索伦、锡伯等人，尚多聘师设塾，授其弟子以满文，以为表情达意之用。蒙文之在蒙古盟旗中，大都由旗署聘师设塾，选拔儿童学习蒙文，民间亦有自行聘师教学者，其教材为三字经、孝经、圣谕广训等之蒙文译本。”⑥ 少数民族学塾母语教育较为发达的地区是东北，如满族母语满文教育就曾盛行于东北地区。“清末民初，满文私塾教育遍及黑龙江、吉林二省，直

① 芮逸夫 . 中国边疆民族之语言文字及其传授方法 [J]. 中国边疆，1948（11）：3.

② 芮逸夫 . 中国边疆民族之语言文字及其传授方法 [J]. 中国边疆，1948（11）：3.

③ 芮逸夫 . 中国边疆民族之语言文字及其传授方法 [J]. 中国边疆，1948（11）：3.

④ 王树枏，等 . 新疆图志（1–6）：卷38“学校志”[M]. 台北：台湾文海出版社，1965：51.

⑤ 芮逸夫 . 中国边疆民族之语言文字及其传授方法 [J]. 中国边疆，1948（11）：3.

⑥ 芮逸夫 . 中国边疆民族之语言文字及其传授方法 [J]. 中国边疆，1948（11）：3.

到新中国成立后才消失。”①

可见，在清末民初少数民族母语教育事业的发展过程中，除了学塾发挥了部分作用外，寺院、巫师教授的母语学习对于少数民族的语言习得与普及的效果并不大，这是少数民族母语教育在当时的客观情况。

二、汉语官话教育在少数民族中的推广

清末民初，在广袤的边疆地区，从国家统治、经济发展、民族交流等需求出发，在不同地区，政府也持续或间断性地开展了一些汉语官话的推广工作。

有学者认为：“单就教育而言，几百年以来，在广大少数民族地区，从儒学、私塾（学馆）、义塾（义学）、社学、营学、书院教育到学堂、国民学校，始终实行的是汉语文或以汉语文为主的教育。”② 但在清末民初，这类实行汉语教育的机构在少数民族地区并不发达。西域战乱结束后，左宗棠即上书清廷中央，请求在新疆建立广泛的义塾教育，其中包括汉语的学习。总体上，清政府是鼓励少数民族学生积极学习汉语的。根据宣统三年（1911年）纂修的《新疆图志》显示，其时新疆有学堂606所，其中教员764名，学生达到16036名。但对于偌大的新疆而言，学习汉语的人数并不乐观。西藏也与之类似，当时有学者提出：“改良藏俗，宜先从兴学入手，而言语不通，教育诸多窒碍，请先建立官话学堂，渐次增加各种科学，以期普及。”③ 由此侧面可见西藏汉语教育的微弱。

但在一些多民族混居地区，尤其是汉族人口比例较高的多民族混居地区，汉族官话推广的努力就有明显的成效，如四川巴塘就很典型。巴塘是一个以藏族为主，多民族混居的地区。光绪三十二年（1906年），赵尔丰就任川滇边务大臣，积极谋划在川滇少数民族地区推广汉族官话教育。他

① 季永海．论清代“国语骑射”教育[J]．满语研究，2011（1）：77.

② 王远新．论我国少数民族语言态度的几个问题[J]．满语研究，1999（1）：91.

③ 卢秀璋．清末民初藏事资料选编[M]．北京：中国藏学出版社，2005：225.

筹建了关外学务局，以吴嘉谟担任总办。吴嘉谟则选择巴塘城关为试点，将旧有的私塾改造为官话学堂，配备汉藏双语师资，采取汉藏双语教学。“初年教以汉蛮语言、通用白话之字，次年教以将白话通用字联贯成句之法，以能写白话信札为度，授以计数珠笔各算学，训以事亲敬长并对待同等应行礼节、应尽情义，及起居、饮食、行立、进退之规则，每逢星期，教习开堂，宣讲圣谕广训及古来贤哲名言，总取其宗旨纯正而近情切理、易于实行者。其奇特之行、神异之事，概置不谈……学生三年毕业，即令退学，各务本业。再以新收者各按学期，陆续补入。”① 事实上，这种官话教育已经突破了单纯的语言学习范畴，还涉及了汉族礼仪、风俗及儒家文化等方面。也正因为这样的学习内容能够匹配语言学习的深度，巴塘的汉族官话教育取得了明显的成效。宣统三年（1911年），赵尔丰亲赴巴塘视察官话教育效果。经过笔试面测，赵尔丰给予了巴塘汉族官话学堂相当高的肯定评价：“巴塘一隅男女学生等，先学汉语，继学汉文，甫经三年，初等小学堂男女学生竟能作数百言文字，余皆能演试白话，解释字义。尤可嘉者，八九龄学生，见人彬彬有礼，问以义务，皆知忠君爱国为主。女生更高自位置，以礼自待，不轻与人言笑。草昧初开，骤然变野蛮而归文化，初非臣意料所及，是皆办学之员及教习等善于训导之功，亦以见朝廷政治维新，注重教育，于蛮方亦泽以诗书，十年之后，必有通人。”② 在巴塘试点期间，川滇其他地区也积极推进这种模式。“在短短一两年间，川边地区就建设了各类学堂200余所、入校学生9000余人。”③ 有学者估计按当时川边地区人口数估计，有25%的人口接受了程度不同的教育，主要是汉语官话教育。④ 在那个时期，可算是一个不小的成就。

---

① 西藏自治区社科院，等．近代康藏重大事件史料选编（第二编上）[M]. 拉萨：西藏古籍出版社，2004：17.

② 四川省民族研究所《清末川滇边务档案史料》编辑组．清末川滇边务档案史料（下册）[M]. 北京：中华书局，1989：841.

③ 四川省民族研究所《清末川滇边务档案史料》编辑组．清末川滇边务档案史料（下册）[M]. 北京：中华书局，1989：841.

④ 秦和平．从清末巴塘官话认识藏汉民众交往 [J]. 福建师范大学学报（哲社版），2016（1）：131.

三、鼓励汉族学习少数民族语言方面

为了使得政令通行，实现民族沟通，清政府也一度赞同汉族官员学习少数民族母语。

如在新疆地区，长期以来，清政府在要求维吾尔族官员学习汉语的同时，曾严禁汉族地方官员学习维吾尔语，但在清末，这一禁令被打破，出现了维汉官员“互授文语，期于相观而善”①的景象。左宗棠就要求新疆各种文告都要使用汉、维两种文字，尤其是“征收所用券票，其户民数目，汉文居中，旁行兼注回（维）字，令户民易晓”②。民初，新疆督军和省主席杨增新也积极要求汉族地方官员学习维吾尔语。同期，新疆各地所成立的汉学堂为各级地方政府提供了语言翻译人才。“通事（翻译）人材，盖自汉学挑取。”③杨增新还创办了维文研究所，培养了一批汉语与少数民族语兼通的双语人才，虽然人数不多，但也为新疆的治理起到了积极作用。

综上，从清末民初母语教育的生态环境上看，汉语与很多少数民族语言存在着绝对的差异，官方历来所提倡的官话是以汉族母语为基础的官方流行语，并通行全国。汉族母语教育的地区差异主要是方言（语音）方面的差异，而少数民族的母语教育则有更多不足。汉族与少数民族之间的语言学习也有一定的障碍。

---

① 郑信哲，周竞红．民族主义思潮与国族建构：清末民初中国多民族互动及其影响 [M]. 北京：社科文献出版社，2014：179.

② 戴庆夏．双语学研究：第3辑 [M]. 北京：民族出版社，2011：455.

③ 陈世明．新疆现代翻译史 [M]. 乌鲁木齐：新疆大学出版社，1998：5.

第二章　民国小学母语教育思想

纵观世界各国近代史，很多国家有过统一国家标准语言的历程。“世界上不少国家和地区在工业革命开始时往往把推行共同语作为凝聚与团结国家和地区力量的重要工作。日本明治维新后花了大约20年的时间普及了以东京语为标准的国语。新加坡在现代化进程中大力推广华语，提倡不说方言，成为该国现代化的重要标志和内容。”① 同样，中国的国家标准语言的倡导与制定、实施也经历了一个思想上的启蒙、酝酿与成型的阶段。

初等基础教育阶段的母语教育思想在清末即有所萌芽。光绪三十年（1904年），清政府颁布了《奏定高等小学堂章程》和《奏定初级师范学堂章程》等法规文件，提出了规范初等基础教育阶段语言教育的目标，明确将“练习官话”（即汉语官话）作为小学学生语言教育的基本要求。而对于官话的具体含义，清廷学部并未给出具体界定，当时大部分学界中人多以京话为官话，但异议者亦众多。为此，光绪三十二年（1906年），清廷学部咨文要求制造切音字，“依《玉篇》《广韵》等书所注之反切，逐字配合，垂为定程，通行全国，不得迁就方音，稍有出入”。因各地汉语方言音义差异较大，故清学部要求“绝不能据一二省之方音为标准，而强他人之我从”。这份咨文还特别提到，京音无入声，而他省有之，“自不能一概

---

① 阎立钦．我国语文教育与近代以来社会变迁的关系及启示 [J]. 教育研究，1998（3）：32.

抹杀”①。也有学者提出：“清末新政时期‘国语统一’观念曾经提出，‘官话’与‘国语’就自动被看作一组同义词：不但民间舆论将二者混为一谈，官方最早推行语言统一的政策亦号称要普及‘官话’。”②可见，直至清末，关于汉语官话内涵界定的问题一直没有得到解决。但限于当时全国经济文化交流实际及近代初等基础教育事业不发达等因素，特别是民间知识分子于此一问题的关注不够，使这一问题的解决并没有急迫的理由。民国成立后，伴随着新文化运动而兴起的国语潮流，终于激化了这一矛盾，也为学界认真思考并研究汉族母语统一及小学母语教育思想塑造了氛围。“今虽难免党派省级之弊病，而图团结全国之民众。尤非速行统一全国语言不可。但虽统一语言，考之各国先例，必先强制普及教育。”③具体而论，民国学界关于母语小学教育思想的讨论主要集中于标准国语的界定以及国语推广与少数民族母语教育的矛盾两方面。

第一节 标准国语的界定与民国小学母语教育

黎锦熙说：“我国国语不统一应分作两方面说，一是读音不统一，一是词类不统一。前者可谓之方音，后者可谓之方言。（此是狭义的，广义的方言包括方音在内）”④事实上，无论民间还是学界，关于官话与白话文的矛盾，在清末民初就已经凸显。陆费逵曾评论毫无统一标准的官话与白话文语言环境会导致交流的障碍：“往往你写的北京官话，我写的南京官话；你写的山西官话，我写的湖北官话；更有浙江官话、江苏官话，夹了许多

① 文字改革出版社编辑组．清末文字改革文集 [M]. 北京：文字改革出版社，1957：69–71.

② 王东杰．官话、国语、普通话：中国近代标准语的“正名”与政治 [J]. 学术月刊，2014（2）：156.

③ 点公．要团结全国民众必先语言统一 [J]. 东方评论，1925（5）：57.

④ 黎锦熙．国语学之研究 [J]. 民铎杂志，1918（6）：70.

土话的官话。”他不由担心道：“将来弄了这许多种的官话，怎样统一？”[①]此种担心恰是当时中国语言使用中没有标准官话造成的尴尬。

在近代欧洲一些民族国家的形成过程中，有所谓“语音中心主义”形成“语言民族主义”的问题。这些问题提示了中国国家标准语言制定的重要性。关于国语的必要，黎锦熙的解释比较直白，即“所谓国语，乃是全国人民用来表情达意的一种公共的语言，人人都能说，却不是人人必须说，因为常言道得好，‘官腔莫对同乡打’，虽然不是人人必须说，却要人人能够说，为的是大家都是中国人，总不应该见面时不会说中国话”[②]。在当时，传统所称的“官话”，大多是在社会中上层群体中流行，并没有得到权威机构的认可，是一种“作为各地人们通过长期交往‘自然’形成的语言”[③]。而“国语却根植于民族主义的冲动，具有服务于‘民族国家’建设的明确自觉，其区别功能主要在对外一面，至其对内，则意在统一。它所设定的主体是全体国民，而非社会上的某一部分人。在程序上，它经过了相关政府部门正式颁布，带有很强的规划色彩”[④]。国语，是作为汉族的官方母语，也是作为全国人民的官方使用语言而创设的。从这个意义上说，小学国语教育亦是小学汉族官方母语教育。

国语运动在清末就有痕迹，在民国兴起后，有关国语的概念界定也十分庞杂，很多学者有各自见解。时有学者以使用范围作为两者的区分，如“盖语言有国语、土语之别。以一国之内言之，则一地方，独用之语，土语也。一国公用之语，国语也”[⑤]。亦有人以为国语与官话本是一体的东西。“皆因昔日说这话的，多半是官人。学这话的，也大半有官瘾。以至于相

① 陆费逵．小学校国语教授问题[M]// 吕达．陆费逵教育论著选．北京：人民教育出版社，2000：200.

② 黎锦熙．国语“不”统一主义（下）[J]．文化与教育，1934（7）：2.

③ 王东杰．官话、国语、普通话：中国近代标准语的“正名”与政治[J]．学术月刊，2014（2）：158.

④ 王东杰．官话、国语、普通话：中国近代标准语的“正名”与政治[J]．学术月刊，2014（2）：158.

⑤ 皕诲．国语统一之希望[J]．进步，1915（4）：3.

沿日久，人就都管他叫官话。但是这个话比较中国各处的方言土语，倍加的清楚、响亮、好说、好学，又很通用。无论做官与不做官的，自是人人当说的话，所以称他为国语，倒比官话二字更算合式。”①从国语运动领袖之一黎锦熙的意见中可见国语概念界定的复杂。黎锦熙以为国语有五种含义范围，分别为“最广义”“广义”“不广不狭义”“狭义”与“最狭义”。“最广义”者包括汉语汉文外，“还得把属于本国的异族语（如蒙回藏语）和曾经受过汉文汉语影响的他国语（如朝鲜日本语）也要算在里头”。“广义”者不只包括汉语汉文，也含汉族方言。“不广不狭义”者在“要建设一个统一全国的标准语”；在文字方面“要建设一种只标语音的新文字，可也承认旧文字在社会上的势力”；在文学方面“要提倡新的白话文学，可也不抹杀各体文言文学在文学史上的地位”。“狭义”者则专指汉语的注音符号与国语罗马字。“最狭义”者为“只宣传注音符号，注汉字，拼国音，标方言”。②他认为中国母语建设的目标应是“不广不狭义”，即全国统一的标准语，语音统一，但也同时应兼顾到少数民族文字及汉族方言的地位。后来，黎锦熙还对这五种含义的概念进行了补充、修正。他的这个定义划分和全国标准语的目标得到了大部分国语运动拥护者的支持。黎还就中国汉族各地方言统一的难易程度作了四等划分：“然若就统一之难易而言，约可分作四等。第一等最难的是闽广，第二等是苏浙及安徽之东南部，第三等是江西及安徽、湖南之大部分，第四等就与京音相差不甚远，如黄河流域六省，东三省，淮河流域的江苏、安徽北部，虽各地方也有难解之土语，但大致是同一系统。即所谓北方官话。此外，则湖北、四川、云贵、广西及湘西与南京、杭州，都可算是南方官话。”③

究竟以何音为国语标准音呢？这一问题在民国学界爆发了持久的争论，很多知名语言学家、教育学家、社会学家都加入了这场讨论。黎锦熙

① 国语研究会宣言 [J]. 清华周刊，1916（77）：13.

② 杨慧 . 思想的行走：瞿秋白“文化革命”思想研究 [M]. 北京：商务印书馆，2012：72.

③ 黎锦熙 . 国语学之研究 [J]. 民铎杂志，1918（6）：64.

支持北京音作为标准音，他的身边有很多拥护者。也有很多学者持会通论，即要求国语标准音的制定应更多照顾到北京音以外的其他方言。直至1932年教育部正式公布以北平音为国音标准音后，此类争论依然没有停止。在各方意见争论与妥协的过程中，注音字母的发明起到了积极的作用。早在1912年，教育部召开的读音统一会上就初定了以39个注音字母代替反切，用以注音。1918年，教育部正式公布了注音字母。1919年，教育部重新颁布了注音字母的次序，并于该年出版《国音字典》。这就从官方形式上对国语读音进行了标准化的界定。

此后，民国政府规定小学母语教育标准即以国语为准，其内容包含语体文与注音字母。所谓语体文，就是更加规范的用以教学的白话文。“因为文学革命，是推翻从前的死文学，改用活文学，大家明瞭国语就是如今人共同说的白话，用笔墨写出来，就是语体文。”① 在普及国语的同时，小学母语教育中则更重视加强国语文学的教育。1920年，国语统一筹备会倡议“改编小学课本”，将小学课本作为倡导国语统一的阵地。胡梦华说：“在国语的总括名词之下显然有通俗的国语与国语的文学二大分疆。那么我们提倡国语当然应循双轨而进——同时普及通俗的国语并增进国语文学。”② 但对于具体教学内容与课时安排，学界还有分歧。如关于注音字母的教学就有很大的争论。李晓晨说：“当时分成两派，一派主张注音字母可以代替汉字。小学一二年级，就要教注音字母；一派主张注音字母，只好注音。一二年级，不要教注音字母，要把京音做标准音。双方争执，各有理由。后来又有第三派出来了，说注音字母，要把他注音是对的。平民有力量能够受四年或六年义务教育，他有时间可以学习汉字的，一二年级可以不教注音字母，由教师口授读音就行了。到三年级可以教注音，以便自动学习读音。如果年长失学的平民，没有时间受四年或六年的教

① 李晓晨．前期小学国语教学概要 [J]. 新教育，1925（1）：124.

② 胡梦华．国语两面观与国语运动之双轨 [J]. 人民评论，1933（22）：28.

育，可以把注音字母，代替汉字教他，或与汉字合作。”① 同时，也有人提出在小学母语教育中要关注各地汉语方言的价值，认为：“一个没有土话的人，是灵魂上的穷人，一个忘了民族语的‘高等人’，简直是精神上的哑巴！”② 这类观点也一直伴随在民国小学母语教育事业发展的左右。正如有学者指出的：“统一语音的努力并不是为了再造汉字，而是克服方言的语音差异。方言问题始终不是中国现代语言运动的核心问题，毋宁说，克服方言的差异才是现代语言运动的主流。”③ 为了平衡各少数民族母语与国语之间的矛盾，加强民族平等，民国政府教育部甚至在1939年1月建议拟“仿‘华文’‘华侨’之词例，不再称汉字为“国字”，而改称“华字”，作为“中华民族所通用之文字”，以“免除国内民族间之歧视”。④ 这个建议虽然没有成真，但真实反映了当时这方面的矛盾。

第二节　国语推广与少数民族小学母语教育的矛盾

客观上看，具有汉族母语统一性质的国语运动必然对少数民族民众的小学母语教育产生一定的影响。

随着民国教育事业的发展，少数民族民众小学教育的普及化与规范化逐渐进入了研究者与行动者的视野。1912年出版的《共和国新国文》明确提出：“提倡汉满蒙回藏五族平等主义，以巩固统一国家之基础。”⑤ 表明少数民族语文教育也被视为国家语文教育的重要部分。在形势的推动下，一些学者提出了“边疆教育”的新概念。而“边疆教育”的重点则是边疆语文，其主要内容是在少数民族小学教育阶段中普及国语教育，但并非全面

① 李晓晨．前期小学国语教学概要 [J]. 新教育，1925（1）：126–127.

② 黎晞紫．国际补助语与民族语的远景 [J]. 现代知识，1947（1）：27.

③ 汪晖．现代中国思想的兴起 [M]. 北京：生活・读书・新知三联书店，2004：1520.

④ 教育部公函（1939年1月6日）[A]. 中国第二历史档案馆藏国民政府教育部档案，第5–12290号.

⑤ 庄俞，沈颐．共和国新国文 [M]. 上海：商务印书馆，1912：1.

禁止少数民族母语的学习，同时也兼顾少数民族母语教育，希望通过一种双语教育的模式，以实现少数民族学生能够掌握民族母语与国语两种语言的习得，方便少数民族与汉族的交流，促进民族之间的团结与国家的统一意识。这种方法可以解决国语推广与少数民族小学母语教育的矛盾。在国语推行委员会的一次常委会上，吴稚晖就强调："我们对于边疆语言，除要边民也能说国语外，我们也要尊重他们的语言。"① 黎锦熙对此有专门的论述，以为"边疆特殊语文"是包括不同"语族"的"族语"，"凡境内之异于汉语汉文者，统叫作'特殊语文'；特殊语文之上又冠以'边疆'二字者，是因为这些特殊语文，在我地理现势上，恰巧分布在边疆一代。西南的亲语族，虽也深入湘西和川、黔、桂、粤各省的腹地，西北也有些特殊语言点缀于甘省境内，但这些省份大都与边境毗连，所以凡特殊语文皆统摄于边疆，而通叫'边疆特殊语文'。"② 这些学者反对扼杀民族母语，但也反对纯用民族母语进行教育，认为这会带来语言隔阂与族群分裂。

民国时期，在少数民族小学教育阶段进行国语与母语学习教育的双语模式是由客观环境决定的。

首先，少数民族母语使用与教育的现状无法满足他们在小学教育阶段接受语言教育的需求。例如，蒙古语的学习仅存在于一些蒙古王公的私塾内，这里面有一些公务人员向少数学生教授蒙古文字。而在西藏很多没有汉族群众居住的地区，藏民们基本都是文盲，没有接受过包括母语在内的任何语言教育。蒙古文、西藏文等文字，只有僧侣阶级因为学习宗教经典而能写，但能通达的也是极少数。即使是侥幸接受了民族母语教育的少数民族，也会发现这种语言教育具有先天的不足。因为有相当一部分的少数民族语言已经成为不适应现代语言潮流的化石型语言。"西南的撣文、罗

① 国语推行委员会常委会会议记录[A].中国第二历史档案馆藏国民政府教育部档案，第5-12295号.

② 黎锦熙.国语边语对照"四行课本"建议[J].文艺与生活，1947（2）：1.

文、么些文，只有僧侣能读、能写，已不能通，固无提倡的价值。”① 这样的少数民族语言甚至已经失去了母语的价值，自然更不具备开展这种语言的小学母语教育的条件。

其次，仅仅学习本民族母语的少数民族小学生会面临无法与其他民族特别是无法与占全国绝大多数人口的汉族人民进行交流的困难。如在新疆地区，因为地域广大，民族分布复杂，各民族之间语言差异大，如果学校仅教授单一民族母语，则会造成学校语言教育不能为学生以后生活、工作提供积极作用的后果。假若都按照各地方言发展教育，则学校越发达而语文隔膜越深，民族思想感情的沟通和融合越加困难。特别是如果那些仅仅为了宗教目的而进行的本民族母语教育，其目的不在于民族交流与社会进步，更不会促进少数民族学生与其他民族的交流，从而失去了语言学习的基本价值。有人说：“一般年轻的边童呢，他们不准备做僧侣、做阿訇的，读了蒙藏回文有什么用？上进一步读经典吗？我们是否应该望他们都做喇嘛阿訇？去研究边疆的学问吗？”②很多少数民族群众亦以为应提倡汉语的学习，因为“学会汉语走遍天下，学会夷语走三个村庄”③。可见国语的学习对于少数民族来说，有重要的作用。

再者，如果不积极普及国语教育，除了正常的民族交流产生问题外，甚至于行政治理、地区发展事业等方面都将造成高昂的成本。仅以文牍往来为例，“在西藏、新疆、云南、绥远、宁夏、察哈尔、热河以及东北各省中亦须设置各种边文的官吏，如此，中国的公文政治一变而为边文政治了”④。

有些学者反对在少数民族小学教育阶段中采用双语模式，认为这样会

① 马长寿 . 论统一与同化 [M]// 潘蛟 . 中国社会文化人类学 / 民族学半年文选（上）[M]. 北京：知识产权出版社，2009：308.

② 马长寿 . 论统一与同化 [M]// 潘蛟 . 中国社会文化人类学 / 民族学半年文选（上）[M]. 北京：知识产权出版社，2009：308.

③ 李有义 . 推进边教的几个实际问题 [J]. 今日评论，1941（14）：237.

④ 马长寿 . 论统一与同化 [M]// 潘蛟 . 中国社会文化人类学 / 民族学半年文选（上）[M]. 北京：知识产权出版社，2009：308.

加重少数民族学生的学业负担，造成少数民族学生的智力损失。“若同时授以两种语言，则恐非儿童之识力所能胜任。”[①] 但支持者以为这个问题完全可以通过以国语为主，民族母语为辅的科学的语言教育办法来解决。李进才就提出：“在汉夷杂居社区应一律以汉语汉字为主，其教材教法上，应尽量利用汉语，在初级班中，儿童不能作纯熟的汉语时，可用夷语补助教授。”[②] 他在边尾村进行了相关的试验，初级班学生以方言为主，至高级班则授以汉语汉字，论证其效果良好。也有人以为在小学教育阶段可以民族母语为主，国语辅之，进行语言教育。恰如时任国民党中央“组织部”部长、边疆语文编译委员会主任的朱家骅的建议：“在边疆设立的学校，在小学里应以当地的文字为主，而以国文辅之，使他们感觉到所学的即可在当地致用，不像我们幼小时候读三字经、千字文一样，只会强记而不能了解。”[③] 他认为：“先教边胞读本地语文，进而能学习国语文，无碍于国家统一，这犹如希望他们爱国必须由爱自己的本乡做起一样。”[④] 对于双语教学模式所面临的种种障碍，有学者以为主要是存在于心理层面。俞湘文曾在西北游牧藏区从事多年教育工作，他认为：“一个民族既有他们固有的文字，若要强迫他们研究另外一族的文字，会使他们意识到在受另外一族的压迫而反感。”[⑤] 但这个心理障碍并非不可改变，事实上有很多实例也证明了这点。

无论是标准国语的界定，还是国运推广与少数民族小学母语教育的矛盾，这些讨论都推动了民国学界对于小学母语教育的思考，并为实践做好学术上的思想准备。

---

① 曾紫绶 . 边疆教育问题之研究 [J]. 教育杂志，1926（3）：18.

② 李有义 . 推进边教的几个实际问题 [J]. 今日评论，1941（14）：237.

③ 王聿均，孙斌 . 朱家骅先生言论集 [M]. 台北：中研院近史所，1977：612.

④ 王聿均，孙斌 . 朱家骅先生言论集 [M]. 台北：中研院近史所，1977：612.

⑤ 边疆论文集编纂委员会 . 边疆论文集 [G]. 台北：国防研究院，1964：668.

第三章　民国小学母语教育的政策与制度

就全国小学而言，实行国语教育是主要的趋势与潮流，也是克服方言差异，实现汉族母语统一的主要途径。如钱玄同所说："中华民国人民共同采用的一种标准的语言是国语；国语是国家法定的对内对外公用的语言系统。"① 但结合具体民族母语差异情况，在少数民族地区的少数民族小学中，采用特殊的语言教育政策、制度也是客观和理性的选择。在世界范围内来说，当时已有相关国际法规涉及了这个领域，如《巴黎和约》就规定："在母语不是官方语言的国民占居民的相当比例的城镇和区域，提供适当的设施以确保这些国民的子女获得以其母语为媒介语的小学教育。"② 这是民国时期制定国语教育政策、制度的一些参考因素。

第一节　民国汉族小学母语教育的政策与制度

严格地说，中国古代的语文教育仅是一种广泛意义上的语文教育，是一种经史子集的学习教育。只有当近代教育体制在中国建立后，真正现代意义上的中国语文教育才出现。光绪二十九年（1903年），语文教育单独

① 钱玄同．给黎锦熙的信[M]．钱玄同文集：第3卷，北京：中国人民大学出版社，1999：376.

② 郭友旭．语言权利法理[M]．昆明：云南大学出版社，2010：126–130.

设科，综合经史子集的传统教育进入了历史。宣统三年（1911年）夏，清廷中央教育会议通过了《统一国语办法案》，将京音作为全国统一国语的基础，但"既言'以京音为主'，又言'不废四声'，似是两派调和的产物"①。遂要求"于全国之初等小学皆别设国语一科，使学生于国文之外，更学习官话。一则将全国初等小学之国文悉改为官话是也"②。这些举措为民国小学语文教育的发展开辟了道路。

民国时期，政府首先对涉及汉族小学母语教育的语文教育进行了重建的努力。

1912年1月，南京临时政府颁发《普通教育暂行办法规定》，明确要求："凡各种教科书，务合乎共和国宗旨，清学部颁行之教科书，一律禁用。"③该年，教育部发布了《小学校教则及课程表》，将母语课程定名为"国文"。从政府层面来看，民国方言政策主要是想将标准国语的国音与传统的官话相剥离。北洋政府时期，政府提出了"浊音符号""闰音符号"等概念，出版了《国音字典》等。南京国民政府时期，则进行全国性的方言调查研究，公布了《闰音符号总表》《全国方言注音符号总表草案》《国音常用字汇》《国语辞典》等文件。1913年，民国政府教育部召开了"读音统一会"，制订了统一汉语的注音字母，同时审定了含有6500个汉字读音的国音规范。1916年，颁布了注音字母，要求在各中小学的语文学习中普遍推广。同年颁布的《国民学校令施行细则》也呼应了1912年的相关规定。1917年，全国教育联合会第三届会议召开，颁布决议称："所谓国语，即从前所谓官话，近今所谓普通话。"④

1919年，全国教育联合会第五届会议建议教育部实行推行国语方法六条："1. 全国师范学校一律添设国语科，并依据《国音字典》教授注音字

① 文字改革出版社编辑组．清末文字改革文集[M]. 北京：文字改革出版社，1957：143.

② 博山．全国初等小学均宜改用通俗文以统一国语[J]. 东方杂志，1911（3）：3.

③ 陈学恂．中国近代教育史教学参考资料（中册）》[M]. 北京：人民教育出版社，1987：167.

④ 中国第二历史档案馆．中华民国史档案史料汇编·第三辑·教育[G]. 南京：江苏古籍出版社，1991：770.

母；2. 各县劝学所及教育会，利用寒暑假时间，设立国语传习所，招集本境小学校教员，一律传习国音，并依据《国音字典》补习注音字母；3. 各省检定小学教员办法，应加入“通俗国语及注音字母”一项；4. 国民学校国文教科书，应即改用国语，高等小学国文教科书，应言文互用；5. 各省区教育会应设国语研究会；6. 提倡编辑《国语辞典》《国语文法》《国语会话》等书。”① 这些建议随后大多被付诸实践。1920年，在新文化运动影响下，修正后的《国民学校令施行细则》规定小学一二年级国文改为语体文，并将语体文课程定名为“国语”。1922年废除小学文言教科书，这就意味着文言文从小学母语教学中退出，新的母语语言教育形式在小学阶段开始成型。这条法令还明确了国语教育的要旨是：“在使儿童学习普通语言文字，养成发表思想之能力，兼以启发其德智。”并附有说明五项：“1. 首宜教授注音字母，正其发音，次授以简单语词语句之读法书法作法，渐授以篇章之组织，并采用表演问答谈话辩论诸法，使练习语言。2. 读本宜取普语体文，避用土语，并注重语法之程序，其材料择其适应儿童心理，并生活上所必需者用之。3. 国语作法，宜就读本及他科目已授事项，或儿童日常闻见与处世所必需者令记述之，以明敏正确为主。书法所用字体，为楷书及行书。4. 凡语体文字，在教授他科目时，亦宜注意练习。5. 遇书写文字，务使端正敏捷，不宜潦草。”② 很多倡导国语运动的学者对此要旨及说明有很高的评价。如黎锦熙就曾说1920年是国语运动“四千年来历史上一个大转捩的关键”，是年“教育部正式公布《国音字典》，这和历代颁行韵书著为功令的意味大不相同，这是远承二千二百年前秦皇李斯‘国字统一’的政策进而谋‘国语统一’的，二千二百年来历代政府对于‘国语统一’一事绝不曾这样严重的干过一次”③。1923年，《新学制课程标准纲要小

① 教育部国语教育进行概况 [J]. 国语月刊，1922（6）：3.

② 范祥善 . 教学国语的先决问题 [J]. 教育杂志，1921（6）：3.

③ 黎锦熙 . 国语文学史代序——致张陈卿、李时、张希贤书 [M]// 收欧阳哲生 . 胡适文集：第8卷 . 北京：北京大学出版社，1998：16.

学国语课程纲要》公布，强调“本科要旨在与小学国语课程衔接，由语体文渐进于文体文，并为高级中学国语课程的基础”。指出其目的在于：“练习运用通常的语言文字，引起读书趣味，养成发表能力，并涵养性情，启发想象力及思想力。”同时规定了“语言”（即口语）与“文字”（即书面语）两个方面的小学课程要求，明确了小学国语课程的地位。

为了合理确立国音，民国政府还进行了大规模的方言调查，从20世纪北京大学倡导“方言调查会”开始，直至三四十年代中央研究院历史语言研究所开展的具体实践，基本上对汉族方言，乃至中国语言的基本情况有了一个大致的勾勒。在此基础上，民国政府综合考量、慎重取舍，不再单纯以某一地区方言为国音，而是从传统的官话音系中重新剥离、建构了一个新的国音音系。此外，还开始设立国语专修学校，培养国语推广人才。正如《教育部国语统一筹备会关于国语教育之进行计划大纲》中所述：“国语教育，非欲废尽各地之方言，乃欲普及一种公用之标准语。此种标准语，务求发音正确，吐词有定，传授不讹，练习能熟悉。此项国语专修学校，以北京为中枢，分设于各地，指臂相联折衷自易，必如此，方足以矫正现在国语教育界以讹传讹、浅尝辄止之弊。”①

一般以为，将国文改为国语，推广标准注音字母等举措的实行，对于民国小学生的学习而言，是一项很有福利的事情。恰如范祥善所剖析的：“大家知道小学生学习国文，是一件最困苦的事情，因为我国的国文，和国民的言语，距离得太远。——现在通行的国文，大多数是古代的说话。——所以儿童入学数年，成绩始终不甚佳妙。历来的儿童，吃着多少苦处，也已够了。现在提倡国语时代，就把通行的国语，使儿童学习，那是儿童的幸福。”② 当时，持这种看法的人不在少数。

在一些地区，由于地方割据等客观因素的影响，对于中央政府推行国语的政策，也有过阳奉阴违，或直接抵制的情况发生。如在1927年，吉

① 教育部国语统一筹备会关于国语教育之进行计划大纲 [J]. 国语月刊，1922（4）：1.

② 范祥善 . 教学国语的先决问题 [J]. 教育杂志，1921（6）：4.

林省教育厅发文《修正吉林省小学校国文科整顿办法》，要求各小学从本年秋季开学一律改教文言课本。直至东北易帜，吉林省教育厅才遵教育部训令，改教语体文。

抗战时期，在国民政府西迁后，西北、西南等地区的战略地位上升，政府出于社会动员的需要，也加强了对西北、西南等少数民族地区小学阶段的国语教育。如截至1947年，“教育部为普及边地初等教育，提倡示范起见，在绥宁康藏等地设小学十七所，连师范附小合计，已达三十四所。”① 这些举措在一定程度上助力了当地各民族小学阶段的国语教育。

第二节　国民政府、中国共产党于少数民族地区小学母语教育的政策与制度

一、国民政府于少数民族地区小学母语教育的政策与制度

民国时期，国民政府对于少数民族语言教育的政策是随形势变化而不断演变的。民初，国民政府教育部门未特别关注这一领域，至20世纪30年代才有一些针对性的具体政策出台。1931年9月，国民党中央通过了《三民主义教育实施原则》，提出：“依遵中山先生民族平等之原则，由教育力量，力图蒙藏人民语言意志之统一，以期五族共和的大民族主义国家之完成。”② 即提出了各民族语言平等，但语言教育统一的教育原则。

至20世纪30年代末期，国民政府确定了对于少数民族，尤其是边疆少数民族进行教育“应以融合大中华民族各部分之文化，并促其发展，为一定之方针”③ 以及“彻底培养国族意识，以求全国文化之统一”的目标。

① 周辉鹤．近年来边疆教育概况 [J]. 边疆通讯，1947（1）：19.

② 教育部．第一次中国教育年鉴（乙编第一章）[M]. 上海：开明书店，1934：21.

③ 宋恩荣，章咸．中华民国教育法规选编（1912–1949）[M]. 南京：江苏教育出版社，1990：625.

在这一方针及目标的指引下，国民政府的边疆教育语言政策循着“国语统一”的大原则，在有限的范围之内，允许使用几种少数民族语言文字。1941年国民政府教育部发布了《边地教育视导应特别注意事项》，补充要求“边教应推行国语教育”①，“边教应努力融合各地民族”②。1945年，教育部又制定了《边疆初等教育设施办法》，要求：“边疆小学课程暂照国民学校法规之规定，但国语与边地语文得视地方需要，同时教学或任择一种教学。”③1946年，国民党六届二中全会第19次大会又通过了《边疆问题决议案》，其第六条规定：“在边疆民族所有地，各级学校之施教，应注重本族文字，并以国文为必修科，由教育部斟酌施行。”④从这些具体的政策来看，民国政府对于少数民族的语言教育是遵循“国语统一”的原则，但在具体范围内，也允许少数民族母语语言文字的学习与使用。如1946年1月，以赖希木江·沙比里为首的三区革命临时政府代表团和以张治中为首的国民党中央代表团在迪化（今乌鲁木齐）签订了《十一项和平条款》，其中规定“在小学与中学，用其本民族文字施教，但中学应以国文为必修课；大学则依照教学需要，并用国文与回文施教。”其后这一条又被列入《联合政府施政纲领》。这体现了国民政府考虑到了少数民族母语使用的实际情况，给予了少数民族小学教育阶段母语学习与使用的自由，希望少数民族小学生在不丢弃本民族母语的同时，又能学好国语。当然这一政策主要局限于小学阶段，中学则严格要求以国语为准。

即使是在一些少数民族地区中占据主要教育地位的寺庙宗教教育，也被要求需开展国语教育。如规定：“寺庙应附设民众学校或半日学校，并利用讲经时间，作识字运动及精神讲话。对于阿文（即阿拉伯文）学校应令增加国语每日一小时，常识及算术，每日各半小时。”⑤

① 宋恩荣、章咸．中华民国教育法规选编（1912–1949）[M]. 南京：江苏教育出版社，1990：633.
② 宋恩荣、章咸．中华民国教育法规选编（1912–1949）[M]. 南京：江苏教育出版社，1990：633.
③ 宋恩荣、章咸．中华民国教育法规选编（1912–1949）[M]. 南京：江苏教育出版社，1990：638.
④ 对于边疆问题报告之决议案 [J]. 中央党务公报：第8卷（第3–4期合刊），1946：25.
⑤ 宋恩荣、章咸．中华民国教育法规选编（1912–1949）[M]. 南京：江苏教育出版社，1990：628.

以新疆为例，在民国初期，新疆小学教育以少数民族母语语言教育为主，仅在个别学校出现了汉语与少数民族语言同时进行的双语教学模式。1936年，新疆教育厅规定各民族小学一律使用民族母语语言进行教学，但从小学自五年级起需开始开设汉语（即国语）课程，而汉族、回族小学亦须同时开设民族语言课程。1939年，新疆教育厅颁布了小学课程标准，明确规定用维、哈、蒙语授课的民族小学自五、六年级应开设汉语课。若学生愿多学汉语，则中、高年级均可减少2学时的民族语言语文课而改教汉语。次年，新疆教育厅又公布了《各级学校加授民族语文办法》，重申了上述规定。1946年7月，新疆联合政府规定民族小学使用本民族母语教学，中学开始采用国语教学。“在小学与中学，用其本民族文字施教。”[①] 而1947年通过的《新疆省中小学课程标准审查报告》又提出，在新疆的维吾尔族、哈萨克族、柯尔克孜族、乌孜别克族、塔吉克族、塔塔尔族等民族在小学阶段学习采用民族母语；蒙古族、俄罗斯族、锡伯族等小学生以本族语为学习语言，同时加修国语或者维吾尔语。同时还建议汉族、回族、满族的小学生学习国语、维吾尔语。根据这个指示，新疆教育厅在其所颁布的维吾尔、哈萨克族小学教学计划中，将国语与民族母语的学习课时确定下来。其中，国语与民族母语学习时间比为3 ∶ 2。可见，在国语统一与少数民族母语平等的平衡关系上，民国政府给予了西北、西南等少数民族地区极大的自由与空间。

二、中国共产党于少数民族地区小学母语教育的政策与制度

民国时期，中国共产党制定与执行了坚持民族平等，支持发展少数民族母语的语言教育政策。

1931年11月，中华工农兵苏维埃第一次全国代表大会上通过《关于中国境内少数民族问题的决议案》，明确提出：“苏维埃共和国必须特别注

① 李儒忠，曹春梅．新疆少数民族“双语”教育前年大事年表（之一）[J]．新疆教育学院学报，2009（2）：9.

意落后民族共和国与自治区域内生产力的发展与文化的提高，必须为国内少数民族设立完全应用民族语言文字的学校、编辑馆与印刷局。允许在一切政府的机关使用本民族的语言文字，尽量引进当地民族的工农干部担任国家的管理工作，并且坚决反对一切大汉族主义的倾向。”[①]这个决议案表明，中国共产党支持少数民族的民族母语教育，当然，包含其小学教育阶段的民族母语教育。1938年，在中共中央六届六中全会的报告中，毛泽东同志专门对此有所论述：“尊重各少数民族的文化、宗教、习惯，不但不应强迫他们学汉文汉语，而且应赞助他们发展用各族自己语言文字的文化教育。”1945年，中国共产党第七次全国代表大会上，毛泽东同志再次强调，少数民族的“言语、文字、风俗、习惯和宗教信仰，应被尊重”。中国共产党是将少数的民族母语使用与学习教育权利作为保障民族平等权利的一个重要依据。

在实践中，中国共产党有很多具体制度与措施作为保障。1931年的《中华苏维埃共和国宪法大纲》、1934年的《黔东特区革命根据地政治纲领》、1935年的《中国共产党中央委员会告康藏西番民众书—进行西藏民族革命运动的斗争纲领》、1937年的《少委蒙民部：目前绥蒙形势与我们的任务和工作》等文件都支持发展包括小学母语教育在内的少数民族母语教育政策。还有一些规定直接涉及了少数民族小学母语教育的具体问题。如1935年《中华苏维埃西北联邦临时政府回番夷少数民族委员会布告》提出：“创立回番夷民众的学校用回番夷自己的语言文字教书。”[②]同年，中国工农红军西北军区政治部的《少数民族工作须知》也规定：“要帮助少数民族的文化工作，建立本民族的学校，用本民族的语言文字教授。”[③]1940年8月通过的《绥察施政纲领》中提道：“设立各民族之学校，采取各民族的

① 中共中央统战部. 民族问题文献汇编（1921年7月–1949年9月）[G]. 北京：中共中央党校出版社，1991：170–171.

② 中共中央统战部. 民族问题文献汇编 [M]. 北京：中共中央党校出版社，1991：264.

③ 中共中央统战部. 民族问题文献汇编 [M]. 北京：中共中央党校出版社，1991：282.

语言文字，讲授各民族需要之课程。”[①]1947年4月《内蒙古自治政府施政纲领》要求：“各蒙古学校普及蒙文教科书，发展蒙古文化。”[②]尽管由于战争环境的制约与客观条件的限制，仍有很多政策与措施在一些地区得到了落实。如陕甘宁边区政府曾举办的伊斯兰小学、蒙古族小学等，都教授了民族语文课程。又如新疆地区，1938年，应盛世才的请求，中共中央派遣了大批干部到新疆工作，在“发展以民族为形式，以六大政策为内容的文化教育”方针下，也积极发展了当地小学的民族母语教育，并规定“民族语学习的成就，应作为小学高年级和中级学校学习成绩的重要部分”[③]。这些作为都极大地推动了少数民族小学母语教育的进步。

第三节　台湾光复后的小学母语教育政策与制度

台湾光复后，面对大部分台湾地区民众主要使用日语的现实，为实现国家通用语言的统一，恢复台湾地区汉族民族母语的使用，国民政府制定了“去日本化”、重塑民族母语的教育政策。同时，国民政府将国语定为在台湾地区推行的官方语言，把闽南话、客家话称为方言，将其他当地少数民族语言视为方言或“山地话”。

早在陈仪主政台湾地区以前，他在涉及未来台湾地区的母语教育政策上就预先有所设计，认为国语师资的培养、中等学校行政人员的培养与国文、历史等基础教育教材的制定是在台湾地区推行国语的重要准备工作。台湾地区调查委员会所拟写的《台湾接管计划纲要》（以下简称《纲要》）中明确写明：“台湾接管后的公文书、教科书及报纸应禁用日文，销

① 内蒙古民族团结革命史料汇编 [M]. 呼和浩特：内蒙古自治区档案馆，1983：88.

② 中共中央统战部 . 民族问题文献汇编 [M]. 北京：中共中央党校出版社，1991：1113.

③ 李儒忠，曹春梅 . 新疆少数民族“双语”教育前年大事年表（之一）[J]. 新疆教育学院学报，2009（2）：9.

毁日本占领期间所印行的‘有诋毁本国、本党及曲解历史’的书刊、电影片等。”国民政府意识到需将国语教育与台湾地区民众的民族意识相联系，目的在于“应增强民族意识，廓清奴化思想，普及教育机会，提高文化水准”。这份《纲要》对国语的普及设立了具体的规定：“中小学校以国语为必修课，公教人员应首先使用国语，限期逐步实施；设置省训练团和县训练所，分别训练公教人员、技术人员及管理人员，并在各级学校开办成人班、妇女班，普及国民训练，以灌输民族意识及党义。”① 明令在小学教育阶段，以国语为必修课程，全力推行。1946年8月开始，依据台湾地区行政长官公署的通令，台湾地区各中小学教师施教一律使用国语或台湾地区方言进行讲授，禁用日本语。国语教学施行有所障碍时，暂可用本地区方言解释。而台湾地区民众的日常用语也应尽量采用国语，禁止用日语交谈。同时督促各级学校教员中标准国语不娴熟者从速补习。对于坚持使用日语者决予严惩。这些政策、措施虽然受到光复后台湾地区复杂的政治、社会及语言环境影响，尤其是族群矛盾的制约，甚至引发过较激烈的反抗，但总体上台湾地区的国语推广运动是成功的，其小学国语教育为台湾地区新一代国民掌握与大陆统一的国语、形成统一的国家意识，功不可没。

总体来看，至20世纪20年代后，国语在全国范围内逐渐得到推广与接受。至南京国民政府时期，在全国大部分的小学中，国语教育实施已经制度化。少数民族小学教育阶段的母语教育也有所发展。台湾光复后小学母语教育得到了全面提升。这些都是民国小学母语教育政策与制度的实施成效。

---

① 陈鸣钟，陈兴唐. 台湾光复和光复后五年省情（上）[M]. 南京：南京出版社，1989：54.

第四章　民国小学母语教育课程与教学的基本问题

第一节　民国小学母语教育课程

民国时期，小学课程中曾有一次转变是将国文课程改为国语课程。1912年，教育部将清末的“中国文字”“中国文学”等课程更名为“国文”，以“识字”“写字”“读文”“作文”“讲读”“习字”“练习语言”“文字源流”“文法要略”等为课程内容，但仍旧保持了文言文的教学语言。为了减轻小学生在学习文字上的障碍，在1917—1918年间，就有小学自发尝试实行语体文的课程教学。“五四”运动中，国语运动的发展推动了国语课程的诞生。1920年1月，教育部通令全国各国民学校改国文课程为国语课程。在此基础上，教育界又继续向前推动，主张将国语课程进行根本性的改组。包括将读文内容改以儿童文学为主，将以往国文中的实用知识等内容改移至《社会》《自然》等各科中，同时加强文字表达的丰富性等。这些主张首先在江苏等地的小学中得到支持与实践。随着标准音、标准语的争论逐渐深入，也要求提倡国语必须有语言的教学，从而推动了国语课程纲要的出台。1923年，《中小学课程标准纲要》应运而生。其中对于“语言”与“文字”，即口语与书面语的各类课程要求，明确了国语课程的地位。

在国语课程中，对于注音字母的要求也正式确定下来。虽然早在1914

年全国读音统一会议上，就已经对注音字母有了定案，采用注音字母是大势所趋。但“因为国内多故，致将此重大问题，延搁多年”①。直至国语课程的实行，注音字母才真正在全国范围内进入小学课堂。在小学中实行国语课程是民国母语教育的一次大进步。

尽管如此，也有学者批判当时母语教育课程标准存在着诸多的不足。如黎锦熙就评价过1923、1929、1932年所颁布的语文课程标准，认为这些标准都是“一步一步往后退”。如在1923年小学国语课程纲要中，“竟把之前课程文件中第一学年‘首宜教授注音字母’这个法良意美的规定删去了，只在初小‘毕业最低限度标准’项下，载明‘并能使用注音字母’一语，这是倒退的第一步”。到了1929年，又把“‘国音字母熟习运用’规定在第三、第四学年中，不知高年级已经认识了许多汉字，再学字母，效力和兴味便大减低，终成应付部章，敷衍督学之局而已，这是倒退的第二步”。1932年，则“却又把‘国音注音符号的熟习’仍规定在第三、第四学年中……这是倒退的第三步”②。

这时期的小学国语课程要求实际分为语言和文字两大类。除文字外，在语言上，课程标准明确“语言可独立教学，或与作文等联络教学，如无师资，可暂从缺。独立教学时，在方言与标准语相近的地方，其时期可以一年为限”③。按照这个要求，在国语师资暂时没有全面得到满足之时，北京等方言与国语标准音基本一致的地区的国语课程，可以不独立教学语言。“因为本地的方言便是标准语，儿童已在家庭、社会、学校谈话的时候，自然学习，不须特地学习了。”④这些地区的小学生可以通过作文等方式进行练习。那些与国语标准音相近的地区，如天津等地，也可以缓冲一年，再进行独立的语言教学。而至于方言与国语标准音相远的地区，则应

① 云六．国语教育的过去与将来 [J]. 教育杂志，1921（6）：1.
② 黎锦熙．教育部定国语标准之检讨 [J]. 文化与教育，1934（19）：
③ 吴研因．小学国语教学法概要 [J]. 教育杂志，1924（1）：5.
④ 吴研因．小学国语教学法概要 [J]. 教育杂志，1924（1）：5.

该尽快实行独立的语言教学。即使师资缺乏，也应设定过渡的时间界限而不断推进。

基于少数民族母语教育的课程需求，一些省区颁布了有地方特色的小学课程标准，如新疆在1939年颁布的小学课程标准中含有汉文、维哈文与蒙文三种语言的学习。“在小学课程标准表中，特别规定了汉文班的维文课程学习和维哈文班的汉文课程学习。”① 在一年级，维（哈）文、蒙文课时分别为8节与10节；二年级则为7节与9节；三年级、四年级、五年级、六年级为6节与8节；在五年级、六年级中则增加了汉文课时3节。② 这种安排既照顾到了各主要少数民族的母语学习，也兼顾了国语学习，受到很多少数民族小学的欢迎。

“以精确的白话文取代言约意丰的文言，其实质是以精确性、严密性为特征的现代思维方式取代具有模糊特点的传统思维方式，这种取代是思维的重建，也是文化的重建。”③ 民国小学国语课程的实行，标志着以汉族母语为主要依据的国语教育在国家公民基础教育体制内的核心地位的确立，也标志着以统一的意识形态和知识秩序为内涵的语文教育体系开始建立起来。考虑到区域与民族因素，少数民族母语被保留，汉族方言则被限以一定条件的保留期。这是当时客观条件下的折中做法，也是民国小学国语课程推进的必然阶段。

第二节　民国小学母语教学的基本问题

在近代教育知识逐渐传入的情况下，民国小学母语教学问题也为学界所关注。以往授课中，单纯教学生们读音、识形、讲解、书写等，不考虑

① 李儒忠，曹春梅．新疆少数民族“双语”教育前年大事年表（之一）[J]. 新疆教育学院学报，2009（2）：9.

② 马文华．新疆教育史稿 [M]. 乌鲁木齐：新疆大学出版社，1998：

③ 杜成宪，丁钢．20世纪中国教育的现代化研究 [M]. 上海：上海教育出版社，2004：181.

方法，不考虑效果，这样的教学方法开始受到质疑。

一、民国小学母语教学的基础

民国小学的母语教育有一个最重要的目的就是为了使学校的教学语言与国民通行的语言保持一致。这也是民国初期很快将小学国文改为小学国语课程的原因。自从废除科举以来，中国初等小学所用的国文教科书还是以古体文言文为标准。国文时期的教学语言也是古代的语言，和国民通行语言的距离太远。反观欧美等国的小学教学，语言文字与生活母语都是一致的。维新后的日本也在通过改少汉字、通行假名的办法实现言文一致。所以民国小学将国文改为国语教学，“就是适应现代的新思潮，换一句话说，要和各国的文明互相接触罢了”①。

以前的民国小学国文教育以文言文教学，同时还须辅之以白话的解释，学生才能听懂，不但费时而且费力。而在文字教学上，除了音读、字形、字义外，还有文体用字、文义及文法等内容要学习，以文言文教学增加了学生的学习负担。在教学方法上，国文教学也饱受诟病。“然我国各种教科之中，其在教授上最无系统无条理者，即莫国文一科。”② 此外，小学语言教学本是为了普通生活所用，并非为了学术而教，而采用文言文教学，则使学生在日常生活中没有办法得到应用。“国文之外，更不知有所谓国语。方言万殊，情意隔阂。既阻民智之开通，复碍国家之统一。”③ 所以，民国小学母语教学采用国语，“不惟统一国语之基，即教育普及于文字教授皆得事半功倍之效”④。

在注音字母没有推行的年代，“统一方音，非一蹴可及之事”⑤。很多学者对于小学国文的发音教学就提出了自己的见解。如黎锦熙就建议：

① 范祥善．教学国语的先决问题 [J]. 教育杂志，1921（6）：4.

② 黎锦熙．国语研究调查之进行计划书 [J]. 教育杂志，1918（3）7.

③ 黎锦熙．国语研究调查之进行计划书 [J]. 教育杂志，1918（3）7.

④ 教育部国语教育进行概况 [J]. 国语月刊，1922（6）：3.

⑤ 黎锦熙．国语研究调查之进行计划书 [J]. 教育杂志，1918（3）8.

“于未统一之嫌，教授读音应根据已经通行之正音正韵，定一有系统之方法。”①

1919年，在全国第五次教育会联合会的决议中，通过了六条推行国语的方法，供教育部择行。其中包括：全国师范学校一律添设国语科，并依据《国音字典》教授注音字母。注音字母的推行，对于小学国语教学有很大的助益。除了统一全国的语音语义之外，还可以使得小学国语教学变得规范与便利，从而加速中国国民的智识普及。“注音字母，除统一全国的语音意外，还有一件极大的用处，就是便利这十年二十年以内的通俗教育。中国这样的衰弱不振，是因为大多数国民太没有普通智识的缘故。所以现在讲求教育，对于学校儿童，固该施以完全的国民教育；对于大多数智识缺乏的国民，更该赶紧想出种种灌输智识，破除旧梏的通俗教育。”②

二、教学目标

1920年，在民国小学国文课程向国语课程转变时，胡适曾讨论过中学语文学习的目标包含“人人能用国语（白话）自由发表思想，作文、演说、谈话——都能明白通畅，没有文法上的错误”③。其实，这也可以作为小学母语教学目标的参照。1920年所颁布的改国民学校国文课程为国语课程的部令中，对于教学目标有如下表述。

“国语要旨在使儿童学习普通语言文字，养成发表思想之能力，兼以启发其德智。首宜教授注音字母，正其发音，次授以简单语词语句之读法书法作法，渐授以篇章之组织，并采用表演问答谈话辩论诸法，使练习语言。读本宜取普语体文，避用土语，并注重语法之程序，其材料择其适应儿童心理，并生活上所必需者用之。国语作法，宜就读本及他科目已授事项，或儿童日常闻见与处世所必需者令记述之，以明敏正确为主。书法所

① 黎锦熙．国语研究调查之进行计划书 [J]. 教育杂志，1918（3）8.

② 国语统一筹备会议案三件 [J]. 北京大学月刊，1919（4）：137.

③ 胡适．文学改良刍议 [J]. 胡适作品集，台北：远流出版公司，1993：241.

用字体，为楷书及行书。凡语体文字，在教授他科目时，亦宜注意练习。遇书写文字，务使端正敏捷，不宜潦草。”①

简单来说，即是为了使小学生能够排除方言的干扰，规范地以合乎语法的国语进行说话，能以合乎语法的白话文进行作文。而其根本的目的在于以日常生活环境为基础，实现语言的实用性。舒新城对此有关于语言与文字两方面的解读。他以为小学国语的教学是为了使儿童在未来进行人与人的接触时，能够通过这种全国通行的语言，实现更好地交流。“读普通的国语文，容易领悟，可以省却许多翻译讲解的劳力。”②而在文字方面，“是要使儿童练习通常的语言文字，引起读者趣味和发表的思想能力”③。这其中，又以养成读书能力与养成发表思想的能力最为主要。最后总结为“小学教国语话的目的在于使学生于交际往来时互通声气，教国语文的目的在于使学生有读书的能力、有发表思想的能力、有发表思想的工具”④。

事实上，当时很多学者就意识到，小学国语教学与其他科目不同，其教学难度很高。叶绍钧说：“这不同算术等科，有一定的学程，有方式的传授，教了就明白，多练习了就纯熟。这向来随教师的意的；程度的深浅，教法的精粗，百问可得百答，各不相同。”⑤这是从教学方法上进行的判断。张一麐称：“后来我碰见许多小学堂的教员、学堂中的学生，仔细调查，觉得现在的教育，虽然比老法的教育容易得多，但是要国文通顺，亦非七八年不行。这还是读书人家或商家的子弟。若是讲到普及教育，凡是拉洋车的、出粪的、乡下土老儿、丫头老妈子，都是要同现在的学生教得一样，那就更难了。”⑥这是从教学效果上进行的评价。

民国学者还认识到小学国语教学与历史、地理等科目有联系，而论理

① 教育部国语教育进行概况 [J]. 国语月刊，1922（6）：3–4.

② 舒新城 . 道尔顿制与小学国语教学法 [J]. 教育杂志，1924（1）：4.

③ 舒新城 . 道尔顿制与小学国语教学法 [J]. 教育杂志，1924（1）：4.

④ 舒新城 . 道尔顿制与小学国语教学法 [J]. 教育杂志，1924（1）：5.

⑤ 叶绍钧 . 小学国文教授的诸问题 [J]. 教育杂志，1922（1）：1.

⑥ 张一麐 . 我之国语教育观 [J]. 教育杂志，1919（7）：51.

学、修辞学等知识的学习也有促进，甚至还关系到学生的情感培养与文学趣味等方面。

范祥善以为民国小学国语的教学应该注意纵横两个维度，即“在纵的方面，就是一国历史上的关系；在横的方面，就是一国地理上的关系”，且“这两点都要看得十分透彻，把他的精神所在，灌输到儿童脑子里去”①。因为一个国家的物产与民族的精神是需要通过基础教育灌输到学生的脑海里去的，而“这个责任，虽大半在国语教科书的课文，却是变通活用，全在教师的肩膀上”②。因此，教学的方法就变得十分重要了。以王家鳌所举教授地理知识为例，如果全国没有统一语音语义，仍旧采用方言母语，则即使是教授地理科目，也要受其影响。“譬如今天上地理科，我们先要把这一课书的文字讲解明白，（这个时间全是枉费的）然后可以研究这条河从那里发源，这座山经过多少地方。”③如果通行了国语小学教学，实现了语音语义的统一。“教师只要藉着挂图，叫他们按句按段指出，无论理解记忆，都比现在容易，也自然有很速的进步了。”④

范祥善认为，在小学生的国语学习中，因为正处于其语言发育与构成语言意识的关键期。此时，在小学教育阶段改变了他们熟悉的方言母语，改为国语教学，“简直是构成言语意识的制造所，关系何等密切！责任何等重大”⑤！所以小学国语教学问题是一个需要遵从语言学习规律的问题。这个时期的国语教学，一是须有规则，语言的学习如果要合于规则，也必然合于论理学的法则。同时要语言优美，则须要合于修辞学的原理。范祥善说：“欧美各国儿童初入学时，往往不用书本，专门练习话法，就是这个意思。日本小学校的国语科里，把话法和读作写三项并列，无非要言语

① 范祥善 . 教学国语的先决问题 [J]. 教育杂志，1921（6）：5.
② 范祥善 . 教学国语的先决问题 [J]. 教育杂志，1921（6）：5.
③ 王家鳌 . 高等小学的国文应该快改国语 [J]. 国语月刊，1922（3）：11.
④ 王家鳌 . 高等小学的国文应该快改国语 [J]. 国语月刊，1922（3）：11.
⑤ 范祥善 . 教学国语的先决问题 [J]. 教育杂志，1921（6）：6.

说来有系统有条理，也是这个意思。”①因此，为了合于逻辑学、修辞学等，民国小学国语教师们在教学上，也“自然要分别指导的了”②。

在小学生的情感培养方面，国语教学可以为其提供充分的人文关怀。民国小学的国语教育也是一种从自我的感知出发，以情感体验为内容，去感悟自然、关心社会的教育。所以，为了通过教学手段达到这个效果。民国小学国语教材的编写者们也在努力，希望为教学提供更直接的便利。如《世界书局国语读本》的第22课，其课文为：“太阳红，天气好，我上学校。老师说我早，我说老师早。”全篇字数虽然不多，只有20个字，但这篇课文所营造的氛围十分温馨。通过这样富有人文关怀感的课文，使学生感受人文关怀、师生之爱，恰是很不错的。叶绍钧也对此有所分析，他以为从小学生的性格身心发展来说，是很感性地生活着。他们难以接受理性的理解与旁观的述说。“所以国文教材普遍的标准，当为儿童所曾接触的事物，而表出的方法，又能引起儿童的感情的。换一句说，就是具有文学趣味的。”③

三、几个关系

在民国小学国语教学中，有三个最主要的关系延续始终，一是小学国语教学与文言文教学的关系；二是方言与小学国语教学的关系；三是小学国语教学的口头语言与书面语言的关系。围绕这三个关系的讨论与实践一直是民国小学国语教学中的热点。

（一）小学国语教学与文言文教学的关系

小学国语教学使用规范国语，在一些方面应与以前的文言文教学区分开来。如国语教学中常用的语助字，就与文言文有明显区别，但又有联系。如文言文中的“者”字，在作语助字的时候，用国语的表述则大多

① 范祥善．教学国语的先决问题 [J]. 教育杂志，1921（6）：6.

② 范祥善．教学国语的先决问题 [J]. 教育杂志，1921（6）：6.

③ 叶绍钧．小学国文教授的诸问题 [J]. 教育杂志，1922（1）：6.

是“这”字。范祥善就解释道:“《汉书艺文志》说:‘儒家者流,道家者流。’‘者’字训为‘此’字,后来文言往往写‘此’。唐宋时候白话往往写‘者’。‘者’和‘这’,国音都标注作ㄓㄜ,声音相同,而现在却惯用了‘这’字。”[①] 而国语中所使用的“的”与“了”,也是文言文所少见的,这些新的语言变化在教学中的使用与学习是十分重要的。“教师似应该知道他的所以然,才可以措置裕如。”[②]

(二)方言与国语教学的关系

每个小学生都是首先通过方言来感知、获得、形成各种经验与知识的,在课堂学习时,容易将方言学习的各种经验运用于学习国语中。父母作为小学生的家庭“语言教师”,是他们的语言启蒙人。“国文教授的开始不在学校而在家庭,不在学龄时代而在幼孩时代。一个学童的国文程度的好坏,与他的家庭,他的幼孩时代很有关系。”[③] 初入小学的孩童,十分烂漫天真,智力见识上也较幼稚,语言的学习积累只是在家庭生活或幼稚园学习中所接受到的一些少量的方言词汇。进入小学后,猛然接触大量的国语词汇,会需要一定的适应期。“例如授一父子,教师多以爷娘之爷字了之,不知儿童日处于家庭中,其对于父子之称呼,或呼爹爹,或呼阿爹。未闻有此单独之语言。虽教者舌敝唇焦,而听者仍不知‘爷’之为何。”[④] 而教师也同样受到自身方言学习与使用经验的干扰,尤其是对于国语业务水平不精的教师来说,在教学中不自觉地掺杂方言是很常见的事情。范祥善曾记录自己的考察经历并有所感叹:“去年年底,曾参观著名的某小学,观其教授国语科,先用土音土语问答,后用国语读出,结果学生都能读出国语。退课以后,曾请问教师为什么用土音土语入手?据说:纯用国音国语,小学生不能领略意思,这是过渡时代,免不了的事。”[⑤] 由此可见一斑。

① 范祥善 . 怎样教授国语 [J]. 教育杂志,1920(4):5.

② 范祥善 . 怎样教授国语 [J]. 教育杂志,1920(4):6.

③ 叶绍钧 . 小学国文教授的诸问题 [J]. 教育杂志,1922(1):1.

④ 赵亮伯 . 教授小学国文之研究 [J]. 中华教育界,1916(7):2.

⑤ 范祥善 . 怎样教授国语 [J]. 教育杂志,1920(4):13.

（三）国语教学的口头语言与书面语言的关系

自晚清出现“语文”概念后，在小学教育阶段的语文教学内涵除了以往的识字、读书、作文等书面理解与表达内容的学习，还增加了听说等口头理解与表达内容。叶圣陶就曾说：“把口头语言和书面语言连在一起说，就叫语文。”教育部的小学教则也强调注重于平时的问答谈话中进行语言教育。在教授小学国语时候，要求教师要仔细说话的方法，与教科书的文字相互和谐。“如有不合语音语法处，也当特别矫正。”[①]除了重视书面语言教学的规范，在国语教学中，无论是老师的发问，还是学生应答，在口头语言的教学方面，都是有着语法逻辑要求的。而在课堂的各种语言学习的训练中，也多是以国语学习为目标的。“平时更组织一种练习会，使学生将所得的新闻，或书本上看得的故事，尽量发表，处处要合国语，久而久之，自有效力。”[②]

四、少数民族及侨民的小学国语教学

在针对少数民族及侨民的小学国语教学中，注音符号在少数民族小学国语教学中的作用、少数民族小学语言单语模式的弊端及海外小学国语教学的推行都得到了民国学界的关注。

（一）注音符号在少数民族小学国语教学中的作用

由于不具备汉族方言与国语的特殊关系，少数民族母语与国语差别巨大，虽然西南地区很多少数民族语言与汉族同支，使用不少汉语借字。但有些甚至与汉语不属于同一语系，少数民族小学国语的教学往往困难重重。而在民国小学教育事业发展的要求下，少数民族小学国语教学不能缺位。“边疆建设要注重文化建设，边疆的文化建设要注重普及教育，边疆教育第一步要先把语文沟通，沟通边疆的特殊语文要‘迅速’。”[③]为了实

① 范祥善．怎样教授国语[J]. 教育杂志，1920（4）：13.

② 范祥善．怎样教授国语[J]. 教育杂志，1920（4）：3.

③ 孔士豪．新新疆建设三要[J]. 新新疆，1943（1卷第2）：39.

现少数民族小学国语教育的快速发展，注音符号就成为必不可少的工具。“要大量的造就教育工作人员，迅速的去做‘普遍’的设施，那么，只有利用注音符号来做‘沟通’的工具。”① 事实上，在民国少数民族小学国语教育中，注音符号确实起到了积极作用。

（二）少数民族小学语言单语模式的弊端

民国时期，在少数民族小学语言学习中，理想化的建议是采用双语教学模式，即少数民族母语与国语双语教学，但是在现实中，因为教师大多为汉族，所以教学语言单独实行国语也较为常见。尤其是一些义塾、汉语学堂都是单语教学模式。而在这类模式中，其教学内容又多以《千字文》《百家姓》《三字经》《四书》等汉文儒学书籍充为教材，内容与少数民族小学生的生活相去甚远。在教学方法上又以内地小学学习方法为主，以民族语言为母语的少数民族学生很难适应。所以这种单语模式严重影响了教学效果。如在云南地区，这种教学模式就曾经遇见这样的困难，当时教育部门曾主张：“一、对有文字之口夷古宗，国语外，兼授口文及藏文。二、对无文字之各夷民，教学初步，以夷语释国语。”② 但由于复杂的语言学习因素，对于少数民族小学的双语教学模式亦并非灵丹妙药，芮逸夫就说过：“我国政府年来从事于筹边固围，对于开化及教育边疆各民族，不遗余力。为什么至今成效不著呢？我以为就是因为对于各民族的语文教育没有妥适的办法。”③ 这也是民国学者们一直在研究的问题。

（三）海外小学国语教学的推行

在海外地区为侨民教育服务的小学中，原本并不讲求国语的教育。但在20世纪的三四十年代，随着国内国语运动的影响逐渐及于海外华侨群体中，海外侨民的小学国语教学也由此萌芽。早期的海外国语教学采取的是照搬国内国语教学的方法，并没有顾及到国内外语言教育环境的差异。

---

① 孔士豪 . 新新疆建设三要 [J]. 新新疆，1943，1（2）：39.

② 吴宗济 . 调查西南民族语言管见 [J]. 西南边疆，1938（1）：56.

③ 芮逸夫 . 西南民族语文教育刍议 [J]. 西南边陲，1938（2）：46.

在国内，国语是使用的第一语言，是母语教学。而在海外，国语大多是侨民所使用的第二或第三语言。因此，在教学方法上就没有把“培养学习者具有在现实生活中自由用汉语进行交际的能力，而且要在最短的时间内取得最佳的学习效果”作为教学的终极目标[①]。在这样的教育理念下，很多海外侨民小学国语教育不以语言使用能力为目标，而以语言知识为重点，教育效果并不理想。同时，由于海外侨民的儿童大多较早即启蒙英语，熟习英语而不谙汉语。诚如黄琬在蒋氏所编《高级国语读本》的序言中所指出：“南洋各地侨生儿童，多有先入英文学校；程序颠倒，至有英文精通，而于本国文字犹为人窃笑目不识丁者，比比皆是。”[②]因此，海外侨民小学国语教育大多采用了以英语讲解国语的方式。还有一种将英文切音辅助于国语注音符号，作为学习国语的方法。如“蒋克秋的华语文课本不论是方言教材如《厦语进阶》，还是国语教材如《高级国语读本》和《国语进阶》都采用英文做辅助手段。具体来讲，给汉字标音有的只用威妥玛拼音，解释也使用了英文，如贤 hsien virtue virtuous；有的注音字母和威妥玛拼音兼用，如量ㄌㄧㄤ, liang, To measure amount”[③]。很多海外侨民小学国语教材都附有英文翻译，这也是海外侨民小学国语教育的一大特色。

① 金铭．汉语作为第二语言教学：理念与模式[J]．世界汉语教学，2008（1）．

② 蒋克秋．高级国语读本[M]．新加坡：新加坡勤奋书局，1946年，序。

③ 蒋克秋．高级国语读本[M]．新加坡：新加坡勤奋书局，1946：5.

第五章　民国小学母语教科书

清末民初，小学语文教科书多以文言文为编纂语言形式。新文化运动后，民国小学国文教学又普遍转为国语教学。民国初期，在教科书出版制度采取“审定制”的推动下，民国小学教科书的编撰较为自由，发展迅速。但在全面抗战时期，在教科书出版制度“部审制”的要求下，民国小学教科书的出版受到了一定限制，其成果也相应减少，小学母语教科书也有着同样的趋势。同时期，边疆地区的少数民族母语小学教科书与海外地区的汉语母语小学教科书都有所发展，为不同的母语小学生群体提供了实际便利，促进了不同母语群体的教育发展。

第一节　民国教育部门对小学母语教科书的编纂要求

随着国语运动的推进，民国政府的教育部门逐渐加强了对小学语文教科书的语言内容指导，将小学阶段作为规范国语教育的起点。民初，对于小学国文科教科书的编写要求主要有两个目标：一是要使小学生知晓普通文字；二是要使他们养成文字的根基。这些教科书大体是以文言文为语言形式进行编纂的，但也出现了一些以白话文作为语言形式的编纂倾向，有一些尝试性的成果。如1916年出版的中华书局版《新式小学教科书》，就以白话文进行了编纂。至20世纪20年代前后，伴随着民国政府中小学课程标准的陆续出台，白话文课文开始逐渐进入小学国文教科书中。同时，新出教科书的数量也有很大的增加。“相对于30年代以前或以后的各个时期来说，在如今所能见到的中小学教科书中，30年代所编写的教科书是数量最多的。”①

1920年，民国政府教育部要求全国各地教育部门陆续停用现行的小学国文教科书，转为采用国语教科书进行教学。具体规定为：小学一、二年级的国文教科书，于当年一律作废。三年级的国文教科书，秋季始业的于1921年夏季作废；春季始业的于1921年冬季作废。四年级的国文教科书，秋季始业的于1922年夏季作废；春季始业的于1922年冬季作废。②教育部并正式通告全国各小学与书坊：“凡国民学校所用各种教科书（文言体的）曾经审定者，分年作废。中国中等各学校和小学校所用教科书，是采用‘审定制’，由民间自由编辑，送请教育部审定。合用的，就在《政府公报》上公布，过时要修改的，也逐年通告他们。”③很明显，这些规定顺应了当时国语运动的发展潮流。

新文化运动至抗战全面爆发前的这一时期中，民国小学教科书的编写有好几种模式，一种是依据民国政府所制定的国家课程标准进行编纂；一种是依据编纂者的个人理解与理想而编纂设计的；还有一种是在中国共产党区域内所编纂的小学教科书。审定制的教材出版制度使出版商有很大的自主空间，能够与教科书编纂者联合起来进行大胆的尝试与创新。而在20世纪二三十年代，这种尝试与创新都取得了比较丰硕的成果。

抗战全面爆发后，民国政府将以往教科书的“审定制”改为“国定制”，并对课程标准进行了修改。1940年又颁布了战时的课程标准。对中小学教科书的出版实行了严格的监管，同时将中小学教科书编辑委员会并入了国

① 洪宗礼. 母语教材研究（3）中国百年语文教材评介 [M]. 南京：江苏教育出版社，2007：184.

② 教育部国语教育进行概况 [J]. 国语月刊，1922（6）：4.

③ 教育部国语教育进行概况 [J]. 国语月刊，1922（6）：4-5.

立编译馆，在其下设有教科书用书组，负责策划与编纂中小学教科书。

在少数民族母语教科书方面，民国很多学者建议对于边疆少数民族地区的小学语文教材，应该与汉族母语教材有所相异，有所区别对待。如朱家骅的建议就很有代表性："政府对于边地国民教育阶段教本，当供两套，一为边地译本，一为国文教本，边地学生可自由选择。"[①] 他还以为边疆少数民族地区小学教材的内容"边地民族者可占一半，全国统一性的占一半，统筹兼顾，不失偏颇"[②]。黎锦熙也支持从小学母语教材入手，去解决汉族与少数民族母语沟通的问题，他建议："专业人员不仅要研究边语，还要把边语和国语联系起来使之沟通，并且要通过基础教育来普及和推广，尤其从教育的效率问题上考虑，最好从教育部的小学课本着手去解决这个问题。"[③] 一些教材的出版机构也秉持类似的观点。如商务印书馆在《共和国小学教科书缘起》中曾对编纂小学语文教科书时的母语选定及编纂原则有以下说明："注意汉满蒙回藏五族平等主义，以巩固统一民国之基础。"[④] 这样的言论在当时是主流，在事实上也确实对民国政府的决策产生了影响。具体到民国教育部的相关政策上来看，基本反映了这种观念："初级及中级小学教科书，以国语为主体，以蒙藏回等语文为副。高级小学以上学校，以国语国文编订为原则。"[⑤]1930年，第二次全国教育会议决定颁布的《实施蒙藏教育计划》中规定："蒙藏各项中等学校及小学校的课本，除应采用全国统一的教材外，并宜酌量蒙藏社会情况与其需要，另选适用教材编入，中等以下学校的课本尤应译印汉蒙文及汉藏文合璧本。"[⑥] 这种国语与少数民族语言双版本小学语文教科书的双轨制基本上延续至民国政府在大陆的统治结束。因此，民国政府要求在国民教育阶段的教材

① 朱家骅．论边疆教育（代序）[J]. 边疆教育概况，1947.
② 朱家骅．论边疆教育（代序）[J]. 边疆教育概况，1947.
③ 郑亚捷．国语运动视野中的"边疆特殊语文"[J]. 中国现代文学研究丛刊，2008（4）：73.
④ 陈学恂．中国近代教育史教学参考资料（中册）[M]. 北京：人民教育出版社，1987：432–433.
⑤ 宋恩荣、章咸．中华民国教育法规选编（1912–1949）[M]. 南京：江苏教育出版社，1990：627.
⑥ 内蒙古教育史志资料 [M]. 呼和浩特：内蒙古大学出版社，1995：145–146.

应有两个版本。一为边文（指各少数民族的语言文字）译本，一为国文译本，边地学生如以边文为便者可选用边文译本，如以国文为善者可选用国文教本。1946年3月17日，国民党六届二中全会第19次大会通过了《边疆问题决议案》，其中规定："在边疆民族所有地，各级学校之施教，应注重本族文字，并以国文为必修科，由教育部斟酌施行。"[①]再次对在小学教育阶段推广国语并保护少数民族母语的政策进行强调。台湾光复后，成立了台湾地区编译馆，馆内设有学校教材编写组，负责编辑适合台湾地区的中小学教材。他们所编纂的小学教科书成为在台湾地区推广国语的重要载体。

第二节 民国小学母语教材的基本情况

在全国范围内，小学国文教科书最早面世于清末的光绪二十九年（1903年），是由商务印书馆编辑出版的《最新初小国文教科书》。至光绪三十二年（1906年），清学部编纂的官方国文教科书才出现。随后，各种国文教科书陆续出版发行。

1912年至1921年，商务印书馆出版了《共和国教科书新国文》系列教材，这套教材分为初小与高小两套。其中初小国文教科书编写者为庄俞、沈颐，该教材共8册，其第三册至第八册共计课文299篇（第一、二册无目录）。高小国文教科书编写者为樊炳清、庄俞，该套教材共6册，课文214篇。1913年至1915年，中华书局出版了《新制中华民国国文教科书》系列教材，其初小版由戴克敦、沈颐、陆费逵编写，共12册，编有480篇课文。高小版由郭成爽、汪涛、何振武等编写，共9册，编有240篇课文。1920年，教育部开始实行教材"审定制"后，中小学教科书出版事业更加繁荣。当年就审定公布了一批小学、国民学校的国语教科书，它们

① 对于边疆问题报告之决议案 [J]. 中央党务公报，1946（3-4）：25.

是：上海中华书局版《国民学校用新教育国语读本》（8册）、上海商务印书馆版《国民学校用新法国语教科书》（9册）、中华书局版《国民学校用新教材国语读本》（8册）、商务印书馆版《国民学校用新体国语教科书》（8册）、商务印书馆版《高等小学校用新法国语教科书》（6册）、中华书局版《高等小学校用新教育国文读本》（6册）、商务印书馆版《（附）国民学校用新法会话读本》（4册）、中华书局版《（附）国民学校用国音读本》（1册）等。① 可见1922年至1937年，是民国小学语文教科书发展的一个高峰期，商务印书馆与中华书局成为其中最主要的出版基地，其他出版机构如文明书局等也有一定的贡献。1930年，仅准予审定的教科书即有以下所列诸种②。

《新学制国语教科书》8册（初小），商务印书馆编

《新学制国语教科书》4册（高小），商务印书馆编

《新时代国语教科书》8册（初小），商务印书馆编

《新时代国语教科书》4册（高小），商务印书馆编

《新学制适用新小学教科书国语文学读本》8册（初小），中华书局编

《新学制适用新小学教科书国语读本》4册（高小），中华书局编（十八年五月一日发还修正尚未送部备案）

《新学制适用新小学教科书国语读本》8册（初小），中华书局编

《新中华教科书国语读本》4册（高小），中华书局编

《新主义教科书前小学国语读本》8册（初小），世界书局编

《新学制小学教科书初级国语读本》8册（初小），世界书局编

《新国音读本》1册（小学），商务印书馆编

《儿童文学读本》8册（初小），商务印书书编

《新学制小学教科书高级国语读本》4册（高小），世界书局编

① 教育部国语教育进行概况 [J]. 国语月刊，1922（6）：5.

② 准予审定之教课图书表 [J]. 山东教育行政周报，1930（102）：50.

《民智国语读本》8册（初小），民智书局编

《新主义教科书国语读本》4册（高小），世界书局编

《新中华教科书国语读本》8册（初小），中华书局编

这段时期里，在少数民族小学母语教科书编写方面也有很多成果。1930年，民国成立教育部蒙藏教育司后，迅速启动了边疆地区语文教科书的编纂工作。1934年，分别为边疆西藏、蒙古、新疆地区的少数民族小学编纂出版了汉蒙、汉藏、汉回语言结合的小学国语教科书各8册、短期小学课本各4册。不久，遵照教育部的指令，国立边疆文化教育馆又编译了蒙、藏、维吾尔文的初小教科书。1947年，还出版了蒙文（9册）、藏文（8册）、维吾尔文（10册）等小学课本。1948—1949年，新疆省教育厅又陆续编写了维文、哈文的各类教科书，分发各地。这些少数民族小学母语教科书的出版为少数民族母语教育的发展做出了积极的贡献。

为了满足海外华侨群体小学生的母语教育需求，一批以中文国语为学习语言的小学教科书在海外编纂出版。其中佼佼者是由沈百英等人编辑，商务印书馆出版的《复兴国语教科书》，该系列教材就设计有“大陆本”（1933年5月版）、“日鲜本”（1937年1月版）与“南洋本”（1938年6月版）三种版本。其“日鲜本”与“南洋本”分别适用于日本、朝鲜侨民学校与南洋地区华侨小学的学生。除了中国编纂出版的中文国语教科书之外，海外地区也有自己原创的中文国语教科书。如开办中华国语学校的蒋克秋先生所编纂的教科书就是此类。“蒋克秋一生共有22种著述，直接为汉语教学服务的教材有15种之多；其他种类的著述，也大都是为汉语教学服务的。”①

① 于锦恩.民国时期华文教育本土化探析——以国语文教材的编写为视角[J].华侨华人历史研究，2014，9（3）：55.

第三节　民国小学母语教科书的语言

晚清时期，供初等教育使用的小学教科书在语言的使用上即体现出一种不与传统蒙学教材相一致，追求实用与通俗的趋势。它们一般主张将识字教学与句篇教学相结合，比以往更加注重所使用文字的口语化，倾向于文字教学的母语化。

民初的国文教科书在语言形式上依然大多选用文言文，但在具体的运用上保持了晚清小学教科书的母语化、口语化倾向。如商务印书馆编辑出版的《共和国教科书新国文》一书，在其编写中就坦明："本书生字之多少、字句之长短、笔画之繁简，意义之深浅、按照程度、循序渐进，以免躐等之弊。""本书文字力求活泼，以引起儿童之兴趣。"而中华书局出版的《新制中华国文教科书》也对文字形式、内容有限定性的要求："选字力求深浅合宜。""文句力求平易，以便儿童易解。""所选材料，关于时令者，悉按阳历编次，以引起儿童直观之感觉"等。这些教科书都注重按照从简单的文字到烦琐的文字的教育顺序，沿着循序渐进的程序进行文字内容的设计。试举例如下。

《共和国教科书新国文》（初小版）就惯以短句与儿歌等语言形式编排文字的学习内容，如其第二册第2课的课文：

一小舟，河边行，前有桨，后有舵，上有布帆。

其第二册第7课的课文：

卧室内，有火炉，炉中烧炭，火渐盛，炭渐红，一室温暖。

《新制中华国文教科书》也与其类似。如其第一册第25课的内容：

小桥；明月；凉风。

这种较好的利用文言文的文字特性，选择浅显文字，进行简约表达的教科书选材编排方式，在当时收到了不错的效果，使课堂语言教学与儿童的日常母语生活的冲突也有所缓和。随着国语运动的进行，白话文逐渐在小学国文教材中出现。1916年，中华书局出版新式《国文》教科书。这套教科书在其每册末尾都附有四段白话文，就迎合了这种趋势。此后，白话文逐渐替代文言文，成为小学教科书的主流。

在语言的内容选择上，不少民国小学教科书比较讲究教育内容的生活与趣味性，能够尽量将学生的学习内容与其生活母语相结合。这些教科书里的语言普遍重视体现出语言表达的美学。正如现代学者所评价的："初级语言教材之所以隶属于文学的范畴，目的是让儿童感受到语言使用的艺术，体会到母语在广泛情景下的运用。"①其情其韵可见当时这样一段课文：

吃过晚饭以后，雪依旧下着，天气也似乎比较日间要冷很多。我们一家人坐在一间房子里，围着一双火炉。火炉中的碳，都是炽红的，放射着很美丽的火焰。火光照着个人的脸上，脸色也好像红一点儿了！大家坐在这间屋子里，很是温暖，谈谈笑笑，差不多已经忘了外面在下雪。②

这段文字将暖暖的家庭温情浓浓地化开，语言十分平实、简练，超脱于文言文的晦涩，读起来通畅舒服。同样的，陶行知也曾对此种观念举例论述，他曾以为教科书中出现的"草履虫"要改为"草鞋虫"，才能适应大众的口语实际，更易被学生所掌握。他还意兴大作，创作了一首诗歌《老妈子先生》，用以表达自己的观点："文章好不好，要问老妈子。老妈高兴听，可以卖稿子。老妈听不懂，就算是废纸。废纸那个要？送给

① 王艳．故纸温情——民国语文教材热背后的思考 [J]. 中国出版，2014（2）：24.

② 王艳．故纸温情——民国语文教材热背后的思考 [J]. 中国出版，2014（2）：24.

书呆子。”[①]

经典的文学作品或文字片段历来是小学语文教科书的主要内容来源。而基本上所有的文学作品都不可避免的具有一定的方言特征。教育界在对使用大量方言的经典文学作品进入小学国语教材的过程中，产生过一些争论。其中最吸睛的焦点莫过于小说《红楼梦》。早在1922年新学制实行之前，一些学者就建议将《红楼梦》片段列入中小学语文教科书中。南开大学的何仲英以为《红楼梦》虽然用了很多方言，但这些方言的使用恰恰是最能体现出作者对生活的把握，是有学习价值的。他说“《红楼梦》描写人情世故的地方”用了许多方言，所以“能够做模范文”[②]。事实上，不论争论有多热烈，在其时小学教师普遍采用一些自编教材的情况下，《红楼梦》必然而自然的被很多教师作为教授内容而采用。

但是一些民国学者也意识到在国语标准没有确立的情况下，随意而自由、不加甄别的将各种带有方言特征的文学作品选编入小学语文教科书，确实有所不妥。不过这种尴尬的局面很快得以扭转。在新学制实行后国语运动者大体认可将北京方言作为国语的基本音，以北京方言为写作语言的经典文学作品进入小学语文教科书的频次更高了。1932年《小学课程标准》提出：“指导儿童学习平易的语体文，并欣赏儿童文学，以培养其阅读的能力和兴趣。”显然，这是为文学作品进入小学教科书创造了条件。1923年至1936年，仅《红楼梦》的内容就被多部小学国语教科书所采用。根据当时学者对北京孔德小学、师大一附小、师大二附小、报子胡同小学、师大平民学校等学校进行的儿童课外阅读调查的结果显示：“《红楼梦》排在儿童喜欢阅读的“旧小说”的第十位，从三年级就开始有学生阅读，其中三年级有男生3人、女生1人，四年级有男生1人、女生3人，五年级有男

① 范远波．中国百年小学语文教科书的人名、识字教育及其启示[J]. 河北师范大学学报（教育科学版），2016（3）：889.

② 何仲英．白话文教授问题[J]. 教育杂志，1920（12）：7.

生8人、女生10人，六年级有男生2人、女生19人，共47人。”[①]可见随着国语标准的确立，为北京方言的文学作品登录小学语文教科书打开了方便之门。亦有一些人对此持反对意见，有学者认为小学国语教科书中应该将北京土话摒弃在外。陈兆蘅曾说：“北平因历代帝王建都的关系，五方杂处，语言齐会，存良去劣，时久而蔚成最优美几乎全国通行的语言，以北平语定为国语，自有其历史渊源理由。不过，在现今的北平官话中，尚夹杂有不少土语，这些土语既不普遍又乏意义，吾侪从事国语教学者应防止土语掺入，否则，因今日国都已不在北平，时久恐将失却‘标准’的资格，使中国语言又有一个相当长时期的不统一。”[②]

在少数民族地区，情况似乎更加复杂一些。除了对少数民族母语词汇进行必要的教授外，在以少数民族母语为语言而编写的小学语文教科书中，也大多对汉语的一些时代词汇进行了翻译。如在新疆，“各级民族学校也成为推行这些新词汇的主要场所。学生们通过教材的途径自然地接受了这些新的词汇”[③]。在针对海外侨民的《复兴国语教科书》这系列教材的“日鲜本”与“南洋本”中，也契合了侨民当地语言习惯，在规范侨民国语使用的基础上，将一些侨民不熟悉的汉语词语更换为侨民日常用语。如“南洋本”第二册中，就以“椰子树”代替了“打大麦”，以“种豆子”替换了“种大豆”。再如“南洋本”第四册第9课以“老鹰”替换了“大陆本”和“日鲜本”中的“黄狼”。沈百英解释了这样处理的理由：“因为对南洋人来说，“老鹰”比“黄狼”更为人熟知。”[④]这些变通的做法是为了使小学语文教科书更加贴近使用者的语言实际，也是母语教育中的一种妥协。

① 迟受义．儿童读物研究 [J]. 师大月刊，1935（24）：79.

② 陈兆蘅．小学国语教材教法 [J]. 教育杂志，1948（12）：24.

③ 王泽民．试论民国时期的新语文政策 [J]. 新疆地方志，2007（2）：55.

④ 沈百英．复兴国语教科书（第三册），香港：商务印书馆，1938：25.

第四节　对民国小学母语教科书的评价

对民国母语教科书的评价经历了国文与国语两个阶段。

在国语运动还没有能够实质性影响到小学教科书的编纂时，民国初期所编纂的大部分小学国文教科书都获得了较好的评价。其中的代表作为商务印书馆编辑的《共和国教科书新国文》（初小、高小版），这是“辛亥革命后商务印书馆编印的第一套使用年限最长、重印次数最多、影响最大的语文教科书”[①]，受到了教育界普遍的赞誉。同时期的中华书局版《新制中华国文教科书》也获得了很好的社会反响，被很多学校所采用。虽然也有一些批评，但这些教科书的价值还是得到了充分的肯定。

20世纪20年代开始，民国政府要求各地取消国文教科书，改为编纂国语教科书。但在教育界准备不足的情况下，当堪任教学使用的国语教科书还未在坊间出现，以及小学教育界对于国语概念并不能准确理解与熟练掌握国语教学业务的环境下，曾一度引发民国小学教育界的恐慌。一些小学的基层教师议论纷纷：“都谓我们不知国语为何物，如何可以教授国语。”[②]因此，在20年代初期，很多小学在客观条件限制下继续沿用着国文教科书。面对客观窘境，各地教育主管部门也未强行遽推，多有观望之态。甚至各县的视学也“因为不谙国语，不敢严诘各校长，责令改用国语教科书”[③]。

1920年实行教材审定制后陆续出版的民国小学国语教科书大体延续了以前国文教科书的优点，对推动国语教育起到了很大的作用。但也有极少数小学国语教科书因为编纂动机不良与编纂者自身业务素质不高，其质量被人所质疑。如何仲英直言这少数小学国语教科书的编纂有投机性的动机，有外行编纂的弊端，甚至于“有些书是互相抄袭的，辗转更名，名称

① 曾毅 . 从民初国文教科书看“新教育”想象 [J]. 河北师范大学学报（教科版），2012（7）：36.

② 云六 . 国语教育的过去与将来 [J]. 教育杂志，1921（6）：2.

③ 云六 . 国语教育的过去与将来 [J]. 教育杂志，1921（6）：2.

虽不同，而实骨则一”[①]。

有人以为教科书不可以作为教学使用的全部，“就是坊间能编出很好的语体教科书，教师也不得遽取应用，不复筹思。因为既以儿童为本位，则非儿童所自需，就不得强为授与。而坊间所编教科书，总希望通行于全国，全部的内容，决不会聚集于一个儿童的境遇里。倘若取以应用，一定有一部分儿童所爱所能领受的，那就要减少效率了。所以教科书止得供参考，止得备采用，教材还当在教科书以外去选择或搜集”[②]。也有很多学者以为小学国语教科书由书商主持编纂是一种错误的做法，如周淦说：“在世界先进各国，都是这样办的（笔者按：指由教育部制定编纂及审查），绝没有像中国将小学教科书的编辑印行权操在书局商人之手的办法的。”[③]也有人直截了当表达了对一些滥竽充数的此类教科书的不满，如董任坚说：“无怪教科书的名称尽管加上‘新’字招牌，内容却陈腐不堪！”[④]也有陈鹤琴这样对该类教科书进行具体点评的议论，他列举了小学国语教科书文字方面的弊病：“一、太注重生字。二、字数页数太少。三、字句太没有意义。四、课文语气前后不一致。五、字句太单调。六、字句常常不合儿童口吻。七、课文长短太呆板。八、字句不能引起动作。九、字句不能刺激思想。”[⑤]还有对于因小学国语教科书的编辑不善而转责于国语教育的失望，如杨振声说：“近来因为小学国语教科书编辑之不善，一些人不设法改进教科书，轻易的加罪国语，主张起用文言。使人感觉小学生的命运太苦了！”[⑥]但这些教科书并非民国小学国语教科书的主流，陆续面世的大部分小学国语教科书很快被小学教师所接纳，也很好地履行了自己的教育使命。

---

① 何仲英．小学教师的国语参考书 [J]. 教育杂志，1924（10）：1.

② 叶绍钧．小学国文教授的诸问题 [J]. 教育杂志，1922（1）：6.

③ 周淦．小学国语教科书确实成了问题 [J]. 时代公论，1934（31）：19.

④ 董任坚．介绍一部儿童国语教科书 [J]. 图书评论，1932（2）：69.

⑤ 董任坚．介绍一部儿童国语教科书 [J]. 图书评论，1932（2）：69.

⑥ 杨振声．小学与小学国语 [J]. 国闻周报，1934（29）：2.

第六章　民国小学母语（国语）教学参考书与学生读物

民国小学国语教学的参考书与学生读物的编纂是随着小学国语教育的推进而渐次开展的。20世纪20年代之前，民国小学国语教学参考物与学生读物都较少。20年代开始，很多出版机构、教育机构及个人开始于此领域发力，成果也不断涌现。

第一节　民国小学国语教师参考书

20世纪20年代之前，由于教育系统内部没有任何小学国语教师参考书的供应，市场上相关书籍也较为稀缺。为解决教学上的实际困难，很多小学国语教师是依靠自己的判断来选择或编辑小学国语教学的参考书。从1919年开始，小学国语参考书有了一定的发展，虽然这场发展在质量上所获得的评价各有不同的阐述，但在数量上的激增则是学界所公认的。

综合民国学者对于那个时期所出版的小学教师国语教师参考书的阐述，大致可分以下几类介绍。

一、通论类型的小学国语教师参考书

程湘帆编的《小学课程概论》（商务印书馆版）是一本泛论小学课程

的教师参考书，其中的第173至215页为专论小学国语教育的内容。何仲英编的《中国文字学大纲》（商务印书馆版）是一本以科学方法叙述中国语言文字的参考书。全书分为音、形、义等三编，依次叙述。通过这本书，小学教师们"可以增加许多文字教学的力量，不致闹不识字的笑话了"[①]。胡以鲁的《国语学草创》（商务印书馆版）是第一部以"国语学"为研究的著作，全书分为"论纲""说国语缘起""国语缘起心理观""说国语后天发展""国语后天发展心理观""国语成立之法则""国语在语言学上之位置""论方言及方音""论标准语及标准音""论国语国文之关系"及"论译文"等11章。这本书撰写于清末民初之时，大多为参考西洋语言学的体系而成，有一定的小学国语教学参考价值。黎锦熙的《国语学讲义》（商务印书馆版）分为上下两篇，上篇主要叙述音韵流传源流历史、词语语法等内容，下篇则是民国成立以来对国语问题发展的讨论，还附有大量的法令文牍。该书对于小学国语教师了解国语运动的由来及相关政策应有很大助力。此外，黎锦熙还将其在1920年9月至11月间于江浙一带进行国语运动演讲的笔记做了整理，汇编为《国语讲坛》一书，其中有关于国语概论的三篇文章以及关于国语教育的两篇文章可以令民国小学教师有所触动。赵元任的《国语留声机片读本》（商务印书馆版）对字母、读法、拼法、方音、新词等都有举例与说明，对小学国语教师的实际教学有很大帮助。

二、国音方面的小学国语教师参考书

商务印书馆出版了高元所撰的《高元国音学》，还出版了汪怡的《国语发音学》，这两本书都可以便利小学国语教师在国音上的自学，其中《国语发音学》还收录了汪怡在各个国语讲习所及在北京师范等学校教授国音学时的课本内容，对于国语声母、韵母、五声的类别等有详尽地讲

① 何仲英. 小学教师的国语参考书 [J]. 教育杂志，1924（10）：4.

述，内容丰富。群益书社出版了刘复的《四声实验录》，这是一部关于试验语音学的开创性的读物。赵元任的《国音新诗韵》（商务印书馆版）可作为小学教师的国音字典使用，兼有实用与研究的性质。乐荣炳的《国音讲义》（中华书局版）是一本关于国音的常识，包含了国音学、发音学、国音辨似、国音练习、国音字母的写法等内容。由刘儒所编的《国音字母教案》（商务印书馆版）共7册，分为4个单元，共计50课，全书按照欧美小学拼音文字的排列方法，教授字母，有故事、歌词、图画等内容。

三、国语会话方面的小学国语教师参考书

王璞所撰的《王璞的国语会话》（中华书局版）是其在教育部国语讲习所使用的课本。他在每个字的旁边都注有国音。每个变音的字，用粗体标注使用新式标点符号。此外，周铭三的《注音国语读本》（东南大学版）其内容分为"字母讲授""读本""会话""注音练习"等四个部分，各个部分都有精心的设计，较为适合作为教师的参考。

四、国语文方面的小学国语教师参考书

吴质生、郑次川编的《古白话文选》（商务印书馆版）收录了自周代开始至宋元以下的一些白话文章，可作为一部实际的国语文学史以参考。他们所编的《近人长篇白话文选》（商务印书馆版）则将最近的论说、演讲、宣言、批评、引序、书函、小说、记述、短剧、诗歌等白话文进行了整理收录。

五、文法方面的小学国语教师参考书

童斐的《虚字集解》对《马氏文通》《国文法草创》《中国文法通论》等书进行了一些讲解。高语罕的《国文作法》（亚东书局版）则是一部关于作法修辞的书。这方面相关的书籍另有《小说作法讲义》（中华书局版）、黎明编的《国语文法讲义》（中华书局版）与《国语文法》（商务印书馆

版）[1]、马国英的《新式标点符号使用法》（中华书局版）、谭正璧的《国语文法》（世界书局版）等。

六、教学法方面的小学国语教师参考书

吴研因的《小学国语国文教学法》是其于1921年在东大暑期学校与苏州暑期学校演讲的稿件整理而成。张士一的《小学国语话教学法》（中华书局版）分为“国语话教学的目的”“国语话的标准”“国语话教学的编制”“口语的性质”“口语教学法的基本原理”“语言教学法的派别”“表示意义的方法”及“国语话的教材”等部分。20世纪30年代，商务印书馆出版的《复兴国语教学法》系列用于初级小学。1932年，朱麟、韩棐编的《南洋华侨国语读本教授书》由中华书局在新加坡出版。刘儒的《国语教学法讲义》（商务印书馆版）分为国音、字体、词类、语法等部分，并各举实例。庞任公等编著的《国语教学实施报告》由上海市教育局国民教育处1946年出版，其中包含说话教学、读书教学、作文教学、写字教学等，还附有实例四则。赵欲仁的《小学国语科教学法》由商务印书馆1930年出版。该书根据福建集美暑期学校编的讲义整理而成，除备小学教师参考研究外，可供师范学校国语科教学研究用。该书对于小学国语科方面一切实际问题均加以精密的讨论，而尤着重于科学的研究法。此外，陆步青等人的《国民学校国语教学法概要》（上海正中书局版）、吕伯攸等人的《小学国语读本教学法》、沈百英编的《小学国语教学讨论集》（商务印书馆版）、樊平章等人的《新法国语教授案》对小学国语教师的教学有一定的参考价值。

七、词典方面的小学国语教师参考书

商务印书馆的《国音字典》初版于1919年，是根据教育部读音统一会的国音标准编制的。再版后的《校正国音字典》则加入了字母，全书收录

---

① 后有《新著国文文法》。

13000多字。“每字附注国语注音，并旧韵书之声母韵母四声等字，以为古今读音之比较。”[①] 中华书局的《国音分韵检字》是参照《国音字典》、清代李光地的《音韵阐微》、赫伯特（Herbert H.Giles）的《草英字典》等编辑的，共收录14000余字。王璞的《国音京音对照表》（商务印书馆版）将《国音字典》中与北京音有出入的都列出。此外，周铭三的《国语词典》（商务印书馆版）每词兼注京音国音，并有举例。方宾观的《白话词典》（商务印书馆版）收录了包括方言在内的很多词语。其他如汪怡的《国语辞典》（商务印书馆版）等也是此种类型。

八、测验方面的小学国语教师参考书及文论

1926年，华超所编的《新学制国语教科书阅读测验》由商务印书馆出版，用于初级小学，并附有标准答案。此外，中华教育改进社编，商务印书馆出版的《小学默读测验》《初小默读测验》《小学默字测验》等以及俞子夷的《正书小字量表》（中华书局版）、周廷珍的《国文测验举例》等可以一用。

还有一些较为重要的文论，也值得我们参考。如通论性质方面有《国语月刊》出版了“汉字改革号”，含有胡适、钱玄同、黎锦熙、蔡元培、周作人、沈兼士、赵元任、何仲英等人的文章。还有刘半农的《应用文之教授》（《新青年》四卷二号）、李肖聃的《余之国文教授谈》（《湖南教育月刊》一卷二号）、郜爽秋的《科学的国文教授法》（《教育杂志》十四卷八号）、何仲英的《小学教师的国语参考书》（《教育杂志》十六卷十号）等文章。谈论教学法的文论也较多，如舒新城的《道尔顿制与小学国语教学法》（《教育杂志》十六卷一号）、何仲英的《国语词教学法》（《教育杂志》十六卷一号）、黎锦熙的《国语的作文教学法》（《教育杂志》十六卷一号）、沈炳魁的《文艺表演教学法》（《教育杂志》十六卷一号）、张久

① 何仲英.小学教师的国语参考书[J].教育杂志，1924（10）：10.

如的《儿童文艺教学法》（《教育杂志》十六卷二号）、叶绍钧的《说话训练》（《教育杂志》十六卷六号）等。此外，还有陈鹤琴的《一种国文测验：词句重组》（《新教育》四卷五期）等文论也具有参考价值。

第二节　民国小学生国语读物及其使用

小学生国语读物的诞生是一个新鲜的事物。范祥善曾对民国小学生的国语读物做过一个调查，他认为从种类上分，这类读物应该包括关于公民的、文学的、史地的、自然的、艺术的以及杂志、报章等类。而在文体上，则应包含笔记体、演义体、说明体、游记体、传记体、书信体、剧本、歌谣以及其他等。[①]

在20世纪20年代前后，在小学生国语读物方面，首先是出现了一些专门供儿童阅读的报刊，如《儿童报》《歌谣周刊》《小学之友童报》《小妹妹》《儿童世界》（商务印书馆）、《儿童画报》（商务印书馆）、《小朋友》（中华书局）、《儿报》（江苏盐城中华儿童报社）、《粤秀》（广州中山大学附小）、《小朋友的朋友》（北大教育系）、《儿童周报》（南京教育局）、《河南儿童》（河南省教育厅）、《小学生》（北新书局）、《儿童时报》（杭州儿童时报社）、《儿童》（儿童书局）、《我们的世界》（福州实验小学天才实验班）、《儿童生活》（儿童生活报杂志社）等。

此外，还出版了大批可以作为小学生国语课外读物的书籍，简略列举如下。

徐傅森的《世界童话（五十种）》（中华书局1913年版）、陆云瑝与杨喆的《中华童话》（中华书局1912年版）、孙毓秀的《童话第二集》（商务印书馆版）、郑振铎的《童话第三集》（商务印书馆1923年版）、唐小

① 范祥善. 小学国语教学法的将来 [J]. 新教育，1925（3）：465.

圃的《京语童话》（商务印书馆1918年版）、赵宗预等的《新法故事读本》（商务印书馆1921年版）、赵宗预等的《儿童文学丛书》（中华书局1921年版）、陈和粹与孙志劲的《绘图童话大观》（世界书局1921年版）、胡寄尘的《儿歌（二册）》（中华书局1922年版）、唐小圃的《家庭童话》（商务印书馆1922年版）、严既澄等人的《儿童文学丛书》（商务印书馆1922年版）、赵宗预的《新法事物发明史》（商务印书馆1922年版）、唐小圃的《托尔斯泰儿童文学类编》（商务印书馆1923年版）、徐傅森的《儿童小说》（大东书局1923年版）、陈和祥等的《绘图小故事大观》（世界书局1924年版）、儿童报社编的《儿童报社丛书》（中华书局1924年版）、吴士农的《儿童创作集》（中华书局1924年版）、陆衣言等的《儿童丛书》（中华书局1924年版）、郑振铎等的《儿童史地丛书》（商务印书馆1924年版）、唐小圃的《俄国童话集》（商务印书馆1924年版）、雷家骏的《儿童艺术丛书》（商务印书馆1924年版）、徐傅森的《学校剧本集》（商务印书馆1924年版）、吴翰云等的《我的书》（中华书局1924年版）、凌善清的《中国神童故事》（大东书局1924年版）、张九如的《儿童游艺丛书》（商务印书馆1925年版）、井花的《儿童小乐园》（文明书局1925年版）、陈和祥的《绘图新儿歌》（世界书局1925年版）、宋亮寰的《图画故事》（商务印书馆1926年版）、陆衣言的《标点绘图小说篇锦》（文明书局1926年版）、赵景深等的《大鹅歌剧》（商务印书馆1928年版）、宏健的《文坛逸话》（商务印书馆1928年版）、张昭民的《欧洲童话集》（北新书局1928年版）、施永湘的《表情唱歌游戏》（新民书局1928年版）、林兰的《民间趣事集》（北新书局版）、沈百英译的《长篇故事》（商务印书馆1928年版）、徐学文的《给小朋友们的信》（开明书局1929年再版）、劳春华的《儿童实用书信》（儿童书局1930年版）、陈云清等的《中国神话集》（儿童书局1930年版）、粟荫芬主编的《孩子们的陀螺集》（儿童书局1930年版）、陈普扬的《浅克拉先生与蚊子》（儿童书局1930年版）、徐晋的《低年生讲座》（儿童书局1930年版）、李罗梦等的《小学剧本集》（儿童书局1930年版）、陈鹤琴的《好朋友丛书》（儿童书局1931年版）、陈鹤琴的《儿童故事》（儿童书局1931年版）、赵景深等的《安徒生童话集》（开明书局1929—1931年版）、陆静山等的《少年国语文选》（文光书店1945年版）等。[①] 以《少年国语文选》为例，1945年，陆静山、杨明志编著，在重庆文光书店出版的《少年国语文选》其所摘选的文选有《上山》《武训的与学歌》《上学》《假使》《我的新生活观》《童子军》《义侠的行为》《我们的希望》《日本飞机和中国小孩》《两个爱国的义勇军》《我们的希望》《两个日军的谈话》《爱护国旗的少年英雄》《国庆》《最后的微笑》《乡下人家》《我永远忘不了》《合群生活》《兵士和老百姓》《孔子的好学与爱国》等。

与教师的国语参考书情况一样，在20世纪20年代之前及20年代初期，大部分的小学教师在为学生提供教材外的国语读物时，大多自主决定，甚至自编相关参考资料。比如在浒关第二小学任教的王家鳌老师就面临着学生参考读物贫乏的困难。他说："到了没奈何的时候，就在童话上和暨南学校出版的《试》上，选了几篇。"[②] 时间长了，他还自己总结了一套选编学生读物的方法。大体上就是随着年级的增长，学生辅助国文读物的内容也有所不同，低年级的学生一般喜欢"多插图的，极重复的，少代名词的"[③] 内容。在执教小学三四年级学生时，认为应该为学生编选一些包含自然界知识的国语读物，而不该是那些"无系统的，偏于神怪的，理想的"读物，所以他选择"把国史的大概、国耻的大略情形、中外名人的事业和有关人生的植物、动物、矿物，编做读物"[④]。"使他们懂习见的、旧有的知识，进而求不常见的、从未见过的、似乎知道的、完全不知道的知识。"[⑤] 他在选择以童话和暨南学校出版的《试》中的几篇文章后，"觉得比

① 徐锡龄．国语教材的调查（一）[J]. 教育论坛，1932（12）.

② 王家鳌．试行国语教学后的大略报告 [J]. 教育杂志，1921（8）：10.

③ 王家鳌．浒关第二小学"国语进行"上的大略报告和第二年所发现的两个困难问题 [J]. 国语月刊，1922（5）：5.

④ 王家鳌．试行国语教学后的大略报告 [J]. 教育杂志，1921（8）：10.

⑤ 王家鳌．试行国语教学后的大略报告 [J]. 教育杂志，1921（8）：10.

较用文言文的时候，容易明白。读音也没大误。并且记述起来，很能够发挥自己的意见。”① 为此，他还采取了一种结合实际教学的阅读方法，即首先是引导学生去了解事实，然后由他们自己来尝试记述这些事实，再由老师进行选编，作为学生们的参考读物。1921年3月3日，他为了使学生记述打铁的情形，就率领学生们来到学校隔壁的一间打铁铺，对打铁师傅的打铁流程进行观摩。回到教室后，要求每名学生都写一篇关于观摩打铁的作文，然后从每个年级中挑选出一篇最优秀的去印刷，做学生们的读物。“这一次记述的很清楚，研究时也很有趣味。四月里也试行过，大约每月一次。现在我想将来还要多试行几次哩。”② 这种自己选择、甚至编写小学生国语读物的方式是那个时代很多小学教师都尝试做过的工作。

在民国时期教育界对于课堂教学外的学生国语辅助读物的使用表现也一定程度上的重视。有人以为“我们选择补充教材，……找补充材料，正如我们裁衣必先量度身体，然后凭了一定的尺寸去制裁，才得称身合体”③。范祥善说：“今后的国语教学，我们以为不仅注重课内的工夫，且须多读多阅课外的读物，这是近年一般教育者所提倡的。”④ 而“优良的小学教师，尽能够施行设计教学法，只须活教材，何必在教科书方面多所计划。这话似乎也可以成立。可是大多数的小学教师，能力怎样，在这三五年中，恐怕还谈不到此。所以现在为一般小学教师计，这工具的锋利与否，当然是一件十二分注意的事”⑤。比如，有些学校设置了学校图书馆或儿童读书室，让学生们随意翻阅，但是如果不加以一定的指导，其效果不会很好。有人以为指导小学生阅读课外国语读物的责任应该扔在教师肩上。很多老师也对学生使用辅助国语读物的情况有所观察。有人认为要根据具体的区域环境而选取辅助材料。“甲地所编的儿童读物，如是就甲地的儿童

① 王家鳌 . 试行国语教学后的大略报告 [J]. 教育杂志，1921（8）：10.

② 王家鳌 . 试行国语教学后的大略报告 [J]. 教育杂志，1921（8）：10.

③ 梁上燕 . 小学低年级国语补充教材底研究 [J]. 教育论坛，1932（5）：65.

④ 范祥善 . 小学国语教学法的将来 [J]. 新教育，1925（3）：464.

⑤ 范祥善 . 小学国语教学法的将来 [J]. 新教育，1925（3）：461.

环境习惯风俗而取材，则不能合于风俗环境……悬殊的乙地的儿童。”[①]还应该根绝小学生年龄差异而区分不同的辅助材料。“小学低年级国语补充教材，须要适合儿童，视儿童之所需而找寻。”[②]随着年级的提高，学生对于读物中的修辞、思想内容有逐渐加强的需求。而同时，学生对于文艺作品的欣赏却并无太大的趣味。“儿童对于这种读物，欣赏的趣味，很是薄弱。”[③]有人建议：“小学低年级国语科补充教材，除了采儿童歌谣、讲演故事而外，谜语与剧曲也很重要。”[④]吴研因提出小学国语并非圣经贤传的东西，也不是《太上感应篇》《科学杂志》，而应该是“以‘儿童的文学’为骨干，供儿童阅读欣赏的东西”[⑤]。陈兆蘅提出选择小学国语参考书要注意两个原则，提出要重视参考读物的世界性，减少乡土性的内容，虽然有欠妥当，但也代表了当时一部分人的想法，试列如下[⑥]。

（1）应具备世界性，不限地方性——今日世界，由于科学的发达，交通的便利，已使地球缩小，天下炯成一家，欲使儿童适应现在和未来社会的需求，应有旷大的眼光与胸襟，丰富的常识与社会集体的意识，例如《鲁宾逊漂流记》就是可用的好资料。用本国的东西，也应该是具有全国性的乡土教材可用而不可多教。

（2）应有悠久性——临时性的材料，固然有的可以用，但对儿童将来的效用不多，乡土教材常易养成狭隘的国家主义思想，以慎重为妙。英美人士，多会唱世界名歌，我国人则很少能者，致使人视为未受过教育的人。抗战唱曲和反日文章即在抗战期间也不可使儿童学得太多，所教的材料总要顾

① 梁上燕．小学低年级国语补充教材底研究 [J]. 教育论坛，1932（5）：66.

② 梁上燕．小学低年级国语补充教材底研究 [J]. 教育论坛，1932（5）：65–66.

③ 王家鳌．浒关第二小学“国语进行”上的大略报告和第二年所发现的两个困难问题 [J]. 国语月刊，1922（5）：2.

④ 梁上燕．小学低年级国语补充教材底研究 [J]. 教育论坛，1932（5）：65.

⑤ 吴研因．关于‘小学国语教材的批评’的检讨 [J]. 江苏教育，1934（10）：54.

⑥ 陈兆蘅．小学的国语教材教法 [J]. 教育杂志，1948（12）：27.

到材料价值的悠久性。在顾到儿童能力兴趣的条件之下，教材不妨采一些未将来生活的预备。英国学校里价值未确定的书籍不指定为教本和参考书，此意可供我们的参考。

无论怎样，以上所述各人的意见都支持教师在学生课外阅读时要加强指导工作。

在具体的指导方法上，民国学界有一些经验总结。范祥善曾经设计了一套指导学生阅读课外国语读物的程序。首先是关于阅读的原因，分为参考的、证验的与消遣的。其次是阅读的规律，分为指定的、自由的与限时的。再就是做阅读笔记的方法，依次为摘录目次、记载纲要、编造表式、参加意见的杂记与质疑解决疑难问题。[①] 可见，这一套程序是要求学生们在阅读课外读物的时候，保持一种学习的状态。

第三节　对小学国语教师参考书与学生读物的评价

自从1919年之后，民国学界对小学国语教师参考书与学生读物的评价开始逐渐出现。

一、民国学界对小学国语教师参考书的评价

1924年，何仲英在对坊间所流传的小学国语教师参考书进行了一番研究后，做出了以下一些评价。他以为很多此类书是本着投机营利的目的而产生的，所以在内容上也容易出现肤浅、草率的现象。“罅隙百出，读了反而有害。”[②] 由于知识产权保护的薄弱，导致很多此类书是互相抄袭，辗转更名的产物，有些书虽然名称不一样，但其内容却丝毫不差。更因为这

① 范祥善．小学国语教学法的将来 [J]. 新教育，1925（3）：466.

② 何仲英．小学教师的国语参考书 [J]. 教育杂志，1924（10）：2.

个市场的热度，吸引了很多教育界以外的“外行”来谋利，造成很多对国语并不了解的人来编纂小学国语教师参考书，也产生了一些错误。“如以不会说国语的人而编国语绘画，或是不懂语音原理的人而编发音学，把发音的机关图都画错了。”① 他同时批判了一些虽然销路较广，但其实质内容极为浅易的小学国语参考书。他例举范祥善所编的《国音浅说》已经出版了第18版，方宝观所编的《国音教本》亦已销售达到十万册。但他认为“(其实编者也认为)已经‘月日黄花’，无再留恋的价值，还不如都他们新编的什么新浅说、新教本，比较要好些”②。

在国音方面，高元的《高元国音学》得到了很多名家的赞誉，“本书有张一麟、钱玄同、黎锦熙、胡适诸先生的序文，评为最好的国音学。书中精采极多，不但根据语音学的学理说明国音，毫无闭眼胡说和迷信等韵家旧说的毛病，而且疏通疑义、订正误说的话又很不少”③。钱玄同、黎锦熙等人为汪怡的《国语语音学》作序，提出其书具有九种特色，是“国音学上很有价值的著作，不可不看”④。刘儒的《国音字母教案》则被认为“凡教学注音字母者，不可不参考”⑤。而在国语会话领域，王璞所撰的《王璞的国语会话》被认为是“现在坊间最好的一部国语会话的书”⑥。周铭三的《注音国语读本》因其设计的精细与选词的平当，加上作者本身所具有的多年国语教学经验付诸其中，广受学界好评。吴质生、郑次川编的《古白话文选》《近人长篇白话文选》等书虽是高中国语课本读物，但因其能有助于国语技能的训练，也被认为是小学国语教师应有的知识。在文法上，黎锦熙的《国语文法》有很多新创，包括主张“句本位”文法之类，此书便利于小学国语教师的教授与自修。高语罕的《国文作法》可以使小学教

① 何仲英．小学教师的国语参考书[J]. 教育杂志，1924（10）：2.
② 何仲英．小学教师的国语参考书[J]. 教育杂志，1924（10）：2.
③ 何仲英．小学教师的国语参考书[J]. 教育杂志，1924（10）：6.
④ 何仲英．小学教师的国语参考书[J]. 教育杂志，1924（10）：7.
⑤ 何仲英．小学教师的国语参考书[J]. 教育杂志，1924（10）：7.
⑥ 何仲英．小学教师的国语参考书[J]. 教育杂志，1924（10）：8.

师得着一些新的见解，也是有益的。张士一的《小学国语话教学法》是一部对于小学教师国语教学很实用的书。而何仲英认为国语词典编纂较为困难，目前面世的大多“胎习外人用华语、罗马拼音的词典，别字百出，而又不了解其根源，看了有什么用”①。对国语词典编纂提出了自己的意见。当时所流行的《读法教授顺序说明书》和《国文教科书编纂纲要》等也大受师生的欢迎，“小学教育界一时称便”②。后者还“大半为教育部编审处采做部编国文教科书的依据”③。

一些教育类杂志开始出现评论小学国语教师参考书的评论专号。《国语月刊》等专业评论杂志也开始出现。朱麟公将1920—1921年报刊杂志上所发表的50余篇国语教育文章进行了汇编，按照国语国音问题、国语文法问题、国语教材问题、国语教学问题及国语统一问题进行分类，可以使读者知晓国语运动的大概。其他类似王卓然的《小学教材之研究与批评》(《学灯》6卷9号)、郃爽秋的《对于神话教材之怀疑》(《中华教育界》10卷7期)的文章也为我们了解民国学界对于小学国语教师参考书提供了帮助。

二、民国学界对小学国语读物的评价

对于小学生国语读物的评价主要刊载于一些教育类的期刊中。如《中华教育界》第11卷第6期没有“儿童用书研究号”专栏，刊出了23篇论文，期不少涉及小学国语参考用书的评论。包括钱希乃的《小学校阅读材料》、祝其乐的《儿童阅读的指导》等，最后还附有郑晓沧、俞子夷、陈鹤琴、程湘帆等人关于儿童国语阅读用书的演讲录。《教育杂志》《中华教育界》等杂志都专门出了国语教育或国语研究专号。而《国语月刊》的“汉

① 何仲英.小学教师的国语参考书[J].教育杂志，1924（10）：11.

② 吴研因.小学国语教学法概要[J].教育杂志，1924（1）：1.

③ 吴研因.小学国语教学法概要[J].教育杂志，1924（1）：1.

字改革号”也因为多有名家高论，被认为“凡小学国语教师不能不看”[①]的期刊。再如赵景深的《童话评论》由上海新文化书社出版，收集了《新青年》《妇女杂志》《民铎》《觉悟》《晨报附镌》等报刊上关于国语童话与国语儿童文学的评论文章。周作人的《自己的园地》由北京晨报社出版，对很多国语儿童读物进行了评价，包括《阿丽思漫游奇境记》《王尔德童话》《童谣大观》、各省童谣集等，“无不加以深刻的批评，确当的案语”[②]。

对于20世纪20年代初一些小学教师自编学生读物的情况，学界也有批评。有人反对完全由教师自己编写学生的辅助读物，以为“若说儿童读物，完全依赖教科和教师自编的材料，似乎于儿童心理上不合”[③]。他们以为要尊重小学生自己的意见，由他们来决定选取何种读物。“各级的读物尽可选用他们发挥的意见。因为要悟会教科中的文字，和自己记述的文字是两种。进步上一定要慢些。所以时常要选用他们发挥的意见，来作读物。”[④]只是理论与实践总有着一段差距，对于小学生国语读物而言，在那个时期，“唱着高调，实行的还是不多”[⑤]。

总体来看，民国初期的小学国语教师参考书籍及学生读物，在国语运动的潮流下，在小学国语教育的推行下，有了前所未有的发展，成果丰硕。但其中所存在的问题，也让民国学界有所警惕。

① 何仲英．小学教师的国语参考书[J]. 教育杂志，1924（10）：6.

② 何仲英．小学教师的国语参考书[J]. 教育杂志，1924（10）：4.

③ 王家鳌．试行国语教学后的大略报告[J]. 教育杂志，1921（8）：10.

④ 王家鳌．试行国语教学后的大略报告[J]. 教育杂志，1921（8）：10.

⑤ 范祥善．小学国语教学法的将来[J]. 新教育，1925（3）：464.

第七章　民国小学母语教育师资

第一节　民国小学母语教育对于师资的要求与问题

在小学教育阶段推广标准化母语教育（即国语教育）已是发展趋势的情况下，对于小学母语教育的师资能否胜任这一要求的思考也早早被民国学者所关注并展开热议。1918年教育部注音字母发表以后，尽管学术界仍有异议，国语的国音标准事实上也已确立。民国小学母语教育对于师资的最基本也最核心的要求，就是他们应能够做到尽可能的排除汉语方言、少数民族语言的干扰，熟练于国音标准的掌握与教授。“小学教师底责任，何等重大；国语普遍底迟速，责任在小学教师，国语能否统一，责任在小学教师；有了成绩以后，会不会变成别种奇怪的语言，责任在小学教师——小学教师，努力！”[①]学术界对此有着一致的认识。

随着国语运动的推动，教育部对基础教育的师资培养也逐渐重视起来。20世纪20年代以前，教育部仅重视对于教材使用文体的讨论，而对于教师教学用语并没有太多介入，“可是以前的命令，注重在文字方面，对于教员教授用语，并未提到。”[②]直至20年代初，教育部才开始规范小学国语教师的教学语言。“小学教育，限于年龄；师范教育不能普及于现任

① 程骏.国语底危险[J].国语月刊，1922（5）：1–2.

② 中小学教员一律用国语教授[J].中央周刊，1930（93）：16.

教员，或补习，或精研，科目可以选修，时间不受拘束，各遂所求，咸的其便。”① 教育部也一再申令各地所属中小学教员“在可能范围内，一律用‘和标准国语相近的语音’做教授用语”②。1921年，北京政府教育部通令各地的高等师范及师范学校均于国文科中酌减国文时间，增授国语，并注意练习。这就从政府层面对国语师资的培养工作进行了背书。

客观来看，整个民国时期，小学母语教育的师资力量都没能达到理想的状态，针对小学母语教师的语言培训严重不足是最主要的原因。

民国初期，很多地方小学的教师，尤其是非北方语系地区的小学教师不能熟谙国语，即使是颁布了统一标准的“国音”，其对国语的掌握依旧存在着很大的困难，需要时间的积累与精力的投入。“考察现在通行的国语势力（即普通语），大抵迷漫于黄河流域一带，长江流域以南，不免差一点；若在闽广等省，差不多判若天涯。小学教师，遇到这个时代，生长于北部的，言语一层，可以无虑。但生长于中部的，就要改变许多腔调，比较上难一点。至于生长在闽广的人，那就十分困难了。”③ 一位小学教师曾经抱怨“用偏于北方的暂定国音”教书，其难度不亚于“旧时教国文”。④ 这种情态在南方小学界尤为普遍。诚如吴有容在1926年所说：“大江以北我不知道不要说，光说大江以南的新学的小学教师，真正懂国语，能用国语教授的有几个？不懂，你要叫他怎样去教？”⑤ 而在南方地区，将北京话与国语标准音相混淆的情况也十分常见。吴研因就发现有的小学教师“以为教白话文，就该用国音和北京话去教”⑥。这些情况的出现毫不令人吃惊，因为当时全国绝大部分的小学国语教师几乎都没有接受过系统的

① 教育部国语统一筹备会关于国语教育之进行计划大纲 [J]. 国语月刊，1922（4）：1.

② 中小学教员一律用国语教授 [J]. 中央周刊，1930（93）：16.

③ 范祥善 . 教学国语的先决问题 [J]. 教育杂志，1921（6）：2.

④ 丁晓先 . 小学校教授白话文问题 [J]. 时事新报，1920-10-14（2）.

⑤ 吴有容 . 国语言文一致的暗礁 [J]. 新教育评论，1926（25）：20.

⑥ 吴研因 . 为陆起华君再评教学和同志诸君的研究 [N]. 时事新报，1920-5-24（2）.

国语训练，甚至是“简直没有一点儿国语教学的常识”①。即使有些人有幸得到补习国语的学习机会，也很难在短暂的时间内熟练掌握国语的教学能力。1924年，在上海国语师范学校参加国语培训的某学员在商务印书馆联欢会上的答词中说：“想把医生们开的药方子带回家去医他们的病。”对此，何仲英评价道：“姑勿论这句话比喻得对不对，试问一个教师先靠临时稗贩得一点知识，便想敷衍应用，却不晓得怎样获到知识的方法，这种知识恐怕总有水尽山穷的一天。”②更严重的是，教师们学习国语的动力似乎也不足。很多小学教师很少主动去阅读国语方面的书籍。1921年夏，何仲英在担任东南大学暑期学校语文法课教师时，曾对所教授的155个学员进行过一次相关调查。发现其中有80多人承认自己一本国语的书都没有看过。“还有一部分把不是国语的书或似是而非的国语书列入。如《阶级争战》《战地莺花录》《模范夫妻》以及《四书白话解》《王阳明传习录》《朱子语类》……”③其他看过国语书的学员每人也不过六七部而已。他们所看的国语书中，大多还是《水浒传》《红楼梦》《儒林外史》等白话小说，真正与国语教学有关的不过《白话文范》《国语文类选》《国语文范》《国语学讲义》《实用国语文法》《白话文轨范》《国语笔法百篇》《国音易解》《白话尺牍》《国语指南》《尝试集》《国音练习法》《白话作文秘诀》《新文库》《国语正音法》等十几部。何仲英因而觉得：“一般小学国语教师对于书籍的选择力未免欠精，把应读的书不读，不应读的书反读，而总共个人所读的关于国语书又如是之少，这非但影响于教学的效率，且足为国语教育前途的障碍。”④

由于水平不足，很多小学教师在课堂上进行国语教学的时候存在着很多明显的错误。1922年，有人写下对于某小学国语教学的观感：“我日前

① 何仲英. 小学教师的国语参考书 [J]. 教育杂志，1924（10）：1.

② 何仲英. 小学教师的国语参考书 [J]. 教育杂志，1924（10）：1.

③ 何仲英. 小学教师的国语参考书 [J]. 教育杂志，1924（10）：1.

④ 何仲英. 小学教师的国语参考书 [J]. 教育杂志，1924（10）：1-2.

参观某学校，正值他们在那里教授国语……我很佩服他们有改革教育底志愿，有提倡国语底精神，可是这位教师，倒有这种胆量，冒充熟识，可怜这国语先生，太忠厚了，太懦弱了，任凭他信口雌黄，说来说去，终究哑口无言，没有和他辩驳的能力。”[①] 据此观察者看来，这些小学国语教师在声母、韵母的基本功上都存在着缺陷，他因而感慨道：“自己注音字母还读不准，那里配教授国语呢？字母读错的所在，便是国语危险的所在，一个字母读错，便能产出无数底怪语音，你看危险不危险。”[②] 同时，有些小学国语教师在教授国语的方法上也未能做到与时俱进，大多数教师仍将教授国文的方式沿袭为教授国语的办法。范善祥曾重点指出了这种做法的两处错误：一是沿着读国文的腔调，摇头晃脑、高低抑扬地读。“要知道国语的声调，果然要合着语法的精神，却用不到摇头摆脑的读着。他们简直不知道国语为何物，那里能够明白文学上的旨趣呢？”[③] 二是一些教师在短暂地学习了注音字母后，就觉得已经掌握了国语全部的知识，将注音字母的学习视为国语教学的一切。事实上，注音字母虽然是国语的一部分，也被一些人视为国语教学的基础。但国语教学应有更高的目标，“学习国语话占了一小部分，而欣赏文学，究属更为重要”[④]。那时候，不少人以为学习国语只要通过掌握注音字母就可以了，以为学习注音字母就等同于学习国语，这种理解是片面的。胡适说过：“其实注音字母不过是国语的一小部分。所谓国语是指从长城到长江，从东三省到西南三省，这个区域里头大同小异的普通话，我们提倡国语，对于国语的语音、语法和文法，都必须加上详细的考究。”[⑤]

上述这些小学国语教师尚属于勤勉的，更多的小学国语教师即使在国音标准化推广的大环境下，也循着以往教学的惯性，依旧操持着方言进行

① 程骏．国语底危险 [J]. 国语月刊，1922（5）：1.

② 程骏．国语底危险 [J]. 国语月刊，1922（5）：2.

③ 范祥善．小学国语教学法的将来 [J]. 新教育，1925（3）：459.

④ 范祥善．小学国语教学法的将来 [J]. 新教育，1925（3）：460.

⑤ 胡适．国语运动的历史 [J]. 时兆月报，1921（5）：43.

授课。而同属于一个地方的教师与学生，使用当地的方言，无论是在教学上，还是在生活上，都是没有任何语言障碍的。“向来没有国语观念的地方，一般教师还都是操着土音土白，向学生去讲解的，然而他们彼此皆用这种声音，通行一地，倒也不觉得有什么困难。”① 但当师生来自不同的地方，各自方言不同的时候，问题就产生了。“若是撞到甲地的教师来教乙地的儿童，其语言间，自不免有困难问题发现了。这种困难问题发生的结果，是足以减少儿童学习和阅读的效用的。”② 在潜山任教的叶霖曾举过这样一个例子：“记得有一次一个儿童肚痛，我叫他立刻‘回去’，他竟不懂得我的意思，而在小圆脸上却表现出凄惨的阴影，我当时一点也不了解他内心的情况，后来经过另一位教师的解释，说是：‘安庆说回家叫“回去”，潜山叫“回去”却是人“死了”的解释。’”③

民国初期，很多小学限于母语师资的业务水平，不能实现理想中的国语教学，尤其是在教师的国音发音上，只能听之任之。在那些国语没有通行的地区，甚至找不出一个能讲国语的教师。也有很多小学的教师都是当地人，没有接触过国语。“要他擅长国语，哪里来呢？常到交通便利地方走走的，常常和讲国语的人往来的，或者能讲几句，还是不三不四，所谓蓝青官话。”④ 知道这样不妥当，但环境所迫，又不得不如此。虽然师范教育在清末民初有了很大的发展，但中国地广人众，这些师范学校的合格毕业生对于全国小学的需求来说，杯水车薪。“从前的师范学校，没有国语科，现在有国语科的，也是‘凤毛麟角’。忽然要叫全国的国民学校教授国语，那里来这许多教师呢？”⑤ 教育部希望单纯地通过行政命令手段促进小学教师在国语上的进步，结果在很多地区的努力也被证明是徒然的。“有时省视学到此，不但教授上不能得他的真相，就是言语上也彼此

① 李刚中．怎样才能打破国语的难关？[J]. 教育杂志，1921（6）：4.

② 叶霖．国语教学上的语言统一训练问题的研讨 [J]. 安徽教育辅导旬刊，1936（28）：26.

③ 叶霖．国语教学上的语言统一训练问题的研讨 [J]. 安徽教育辅导旬刊，1936（28）：26.

④ 我一．提倡国语的难关怎样过渡呢？[J]. 教育杂志，1920（4）：3.

⑤ 我一．提倡国语的难关怎样过渡呢？[J]. 教育杂志，1920（4）：7.

不通，视学的人，只好敷衍过去。就是当面指导几句，而燕去梁空，依旧无效。"[①]即在行政领域，推行小学国语教学的法令在很多地区也只是具文。直至1926年，很多地区的小学依旧采用国文教学。以致有人不禁要问："政府不是曾经下过一道小学校国文科改国语科的明令的吗？后来不是又下过一道文言的小学教科书分期修正通用的明令的吗？何以到如今不改也不管，不停止通用也不问呢？"[②]

与研究国语的学术界不一样，民国小学教师学习国语大多是被动的。李刚中说："提倡国语，本来已有多年，无如他们稳如泰山，依旧置之不睬。"[③]直至教育部推行国语命令出台，小学界才有所动作。"于是手慌脚忙，东奔西走，学了些皮毛知识，这还算是热心的教师。"[④]那些占大多数的不热心的教师，"他们总是中了懒惰毒，不愿费三月两月，一年半载的工夫，把国语学好来教导小国民。"[⑤]就随心所欲，方言、国语不分，半土语半国语地乱讲。"他就随心所欲，一味的制造国语，那里顾到统一不统一呢？有的看了语体文，就欢喜得非常道：'好了好了！我们今后不虑不能永久做国文教师了！从前教授文言文，要费许多探索的功夫，现在改为语体，我们既有一张嘴，那里不会说话呢！'这两种人，把语体文看得很容易，所以他教授生徒，满纸的方言，满口的土白。"[⑥]

还有一种普遍的情形，就是教师在勉强使用着国语进行教学，但是并不强迫或难以强迫学生使用国语。国语仅仅是学校甚至是教室的区域用语。"现在有几个学校，已经改用国语，但是教师在已改国语的教室里，勉强用国语，并不叫学生一律用国语。出了教室，教师也不用国语了。并且有教授国语读本的时候，用国语。教授他种科目的时候，不用国语。学

① 李刚中．怎样才能打破国语的难关？[J]. 教育杂志，1921（6）：4.
② 吴有容．国语言文一致的暗礁 [J]. 新教育评论，1926（25）：20.
③ 李刚中．怎样才能打破国语的难关？[J]. 教育杂志，1921（6）：4.
④ 李刚中．怎样才能打破国语的难关？[J]. 教育杂志，1921（6）：4.
⑤ 吴有容．国语言文一致的暗礁 [J]. 新教育评论，1926（25）：19-20.
⑥ 李刚中．怎样才能打破国语的难关？[J]. 教育杂志，1921（6）：5.

生读国语教科书的省掉，读国文教科书没有两样。”① 当然，随着时间的推移，小学国语教学与使用的范围也正不断地扩大。

有一些小学教师是反对国语教学的。1924年，何仲英说：“到了现在的时候，我们还常常听见有些小学反对教学国语的声浪，要把国语依旧改为文言，恢复前状。”② 当时也有学者分析这些不愿意进行国语教学的小学教师不仅仅是由于其对国语的掌握不足，还有一些社会原因，如有的小学担心实行国语教学会受到当地社会保守势力的反对，以致学生数量的减少，影响到学校的招生问题。事实上，这是杞人忧天，在一些行动比较迅速的小学中就有一些正面的例子。如吴县浒关第二小学积极推行国语教学后，“社会上不是没有人反对，却得了许多人的赞成。说小孩子的知识，用了国语更容易开展一些。将来各处统一以后，就可以没有说话不通的苦处了。所以学生数，也一些没有减少”③。至于那些顽固于文言文、国文教学的小学教师，语言上的遗老遗少们，则很难通过辩论去说服他们。

尽管以往文言文教学的材料比较陈旧，但是具有古典语言学知识结构的教师还可以基本应付。现在改为国语教学，教师们却既没有国语学的根基，又缺乏学习，无论是教学效果还是学生成绩的评估，自然有所下降。在社会与家长的问责下，一些教师不对自身能力进行反思，而是将责任归咎于国语的推广。“其实这决不是国语本身的病，乃是教师们不研究国语的病。”④

当然，也有积极行动的小学。如苏州吴县浒关第二小学里的教师们，自1920年秋，就开始努力学习与实践国语教学。“有的是每星期加了两三小时的国语课程了；有的是遵照部令，把一二年级先改国语了；有的是一部分改了土音的语体文了；有的是完全改了土音的语体文了；那最少数的，

① 我一．提倡国语的难关怎样过渡呢？[J]. 教育杂志，1920（4）：3.

② 何仲英．小学教师的国语参考书 [J]. 教育杂志，1924（10）：1.

③ 浒关第二小学“国语进行”上的大略报告和第二年所发现的两个困难问题 [J]. 国语月刊，1922(5)：1.

④ 何仲英．小学教师的国语参考书 [J]. 教育杂志，1924（10）：2.

就是完全改为国语。”[①] 这样的努力之下，效果也自然异于其他学校。

在少数民族小学中，少数民族语言教师在学习国语的难度上较之汉族教师，更甚一筹，而能兼懂国语及一些西南地区少数民族语言的汉族教师更是难寻。“我们不难找得到懂蒙、藏、回语文的人，却不易找到懂苗文、夷文，这些文的人。”[②] 在一些西南地区的少数民族小学中，可以对一些少数民族学生进行有效国语教学的教师基本上是凤毛麟角。以川康地区的倮罗小学为例，“各校教师类多对于倮罗语无直接能力，教学徒凭姿势及应用导生制之类似办法，加以通译。但导生未加训练，教学甚为困难。教师指手画脚，学生如哑人看戏，效率无限低落”[③]。台湾光复后，台湾地区小学国语教育对于师资的要求更加特殊，矛盾更加尖锐。长期在日本殖民统治下的台湾民众大多通用日语，小学国语教师要想教授好国语，在掌握国语的同时，还须通晓日语，才能流畅地进行教学。“其情形好比在日本向日本人教授中国语言。”[④] 相比较近邻的福建，“方言与国语，只是发音不同，词语组织上并没两样，把现成的注音字母好好利用就够”[⑤]。这种特殊的师资需求是巨量的，诚难在短期内得以满足。

第二节　民国小学母语师资的培训

民国教育部门面对这种国语师资缺乏的情况，也想方设法地采取了一些积极的措施。如他们要求、鼓励各地教育部门为当地小学教师开设各种形式的国语补习训练机构与课程，包括在各县开设劝学所、国语传习所等，以及夜班、星期班、假期班等。民国教育部门希望通过这些培训，使

① 浒关第二小学“国语进行”上的大略报告和第二年所发现的两个困难问题 [J]. 国语月刊，1922（5）：1.

② 谢龙泉 . 谈训练边疆语文人才 [J]. 边疆通讯，1945（11–12）：2.

③ 梁瓯第 . 川康区倮罗织教育 [J]. 西南边疆，1942（15）：20.

④ 默 . 台湾的国语运动 [J]. 新语，1945（3）：4.

⑤ 默 . 台湾的国语运动 [J]. 新语，1945（3）：4.

得小学教师们能够迅速提升国语水平，并坚持使用国语进行教学。他们鼓励这些教师即使国语水平不高，甚至南腔北调、不大纯粹，也要坚持说，在实践中逐渐提升。“教员不要因为自己所说的国语不纯粹，便羞赧着不说，要知道国语是愈说愈好的，开始便赧着不说，将来那里会说的好呢？”[①]

1918年，北京政府教育部通令北京、武昌、奉天、南京、广东、成都、陕西等7个国立高等师范学校附设国语讲习所。1920年，在教育部要求小学改习国语后，教育部国语统一筹备会先后举办了4次全国性的国语讲习所，通过在北京进行考试及各省选送的方式招录学员，两个月一期。全国22省区都派有学员，毕业的约有440人。这些国语讲习所都传习注音字母及国音，主要目标是为了培养合格的国语教师，也确实产生了一些实实在在的效果，时人评价：“这确是培养国语人材的法子。”[②]这些学员也逐渐成为各个地区推行白话和注音字母的重要师资。如湖南籍的国语讲习生回到湖南后，努力实践，他们“都很热心传播，什么‘研究会’，什么‘讲习所’，……无论城乡，遍地皆是”[③]。

小学国语师资培训的潮流从中央及于地方，勃然兴起。在各省区，教育厅、劝学所、教育会等机构都纷纷采取措施，有所行动。江苏是这些地区中的积极者，早在1918年初，江苏省教育会就举办了国语补习会，次年，该国语补习会继续举办注音字母传习所。“至5月21日，共举办四期，总共传习人数47县，41校，共176人，旁听者约百余人。”[④]江苏教育厅还在南京举办了国语讲习所，要求各县选派学员来讲习所学习，免除学费，并资助路费。全省各地也广泛响应，并各自倡办国语师资培训机构，如吴县劝学所、教育会则在暑期里组织国语讲习所，“由演讲员程惜麟担任国

---

① 中小学教员一律用国语教授 [J]. 中央周刊，1930（93）：15-16.

② 我一 . 提倡国语的难关怎样过渡呢？ [J]. 教育杂志，1920（4）：7.

③ 盛先茂 . 湖南国语的状况 [J]. 国语月刊，1922（4）：1.

④ 朱有瓛，等 . 中国近代教育史资料汇编・教育行政机构及教育团体 [G]. 上海：上海教育出版社，1993：290.

语发音学及苏州闰音，杨云长担任国语文法，张福保担任注音字母，金轩人担任国语会话，陆衣言担任国语教授法，男女听讲员，计共二百三十余人”[①]。同年，上海县劝学所设立小学教员讲习所。具体情况为：“奉贤暑假国语讲习所，有县教育会组织，于十八日开幕，出席者达百余人，旁听二十四人，并有松江拓林乡加入旁听者，课程每日五点钟，两星期完毕。”[②]吉林省要求各县皆于假期组织国语讲习会，在每年的寒暑假期间，“由县知事召集所属小学教员及县视学、教学员、学务委员等入会讲习”[③]。1921年，黑龙江教育厅在哈尔滨设立了国语讲学所，与黑龙江省立第一师范附属小学校合作，卒业期限两个月，讲习科目包括注音字母发音学、实用国语文法等。次年春，省视学再次组织了黑龙江暑期国语讲习会，“凡省城各小学教职员，无论男女，均得入会听讲”[④]。江西省教育会成立国语传习所后，以龙铨孙为所长，聘请上海国语专修学校李维岳先生为主讲。初定名额60人，江西小学界教师踊跃报名，报名者达120余人。之后开办的第二期传习所，亦有学员50余人。“我们已经毕业的同学们，多半往各处提倡国语去了，我们屡次接到他们关于传播国语的来信，都说有很好的成绩。”[⑤]1922年，湖南省教育会组织了湖南中华国语研究会，兴办国语教员养成所。相较教育部要求各地小学国语教师自我学习的行政命令，小学国语师资培训在全国大部分省区都有显著的成绩。

一些学校也通过主办各类国语学习团体，专一促进国语教师的培养。吉林就规定各个学校要单独或联合组设国语教学研究会，并且要设有小学教员研究会，“每届三个月”[⑥]。再以北京为例，1921年夏，京师劝学会议决议设立私立小学教师国语补习会，以公立第七小学为学习地点。这次补

① 苏州国语讲习会现状 [N]. 申报，1920-08-19.

② 奉贤国语讲习会开讲 [N]. 申报，1920-07-22.

③ 吉林省促进国语办法 [J]. 国语月刊，1923（12）：4.

④ 黑龙江省城自施行国语教育以来的状况 [J]. 国语月刊，1923（12）：4.

⑤ 江西国语传习所历程 [J]. 国语月刊，1922（5）：2-3.

⑥ 吉林省促进国语办法 [J]. 国语月刊，1923（12）：4.

习会发函给城内各小学及几所外地小学，收到复函40余校，参加补习的教师有46名，其职员组成为万华（会长，京师劝学办公处）、舒庆春（经历，京师劝学办公处）、南式容（主讲，京师公立第三高等小学校）、徐迪（主讲，京师公立第十八高等小学校），皆为当时国语名师。会员名录见下表①。

京师私立小学教员夏期国语补习会员名录

姓名	单位	姓名	单位	姓名	单位
管复	湖北扶轮学校	苏健	北京体育学校	金桂森	京师公立第四高等小学校
王永德	京师第十改良私塾	邢振声	私立复兴国民学校	赫桂庆	京师私立第三十四国民学校
徐庆曾	京师私立第六国民学校	雷多年	京师私立第五十五国民学校	汪可培	京师私立第十二国民学校
陈凤德	改良私塾	刘春霆	京师私立第三十三国民学校	何柏龄	京师私立求实国民学校
张耀光	京师私立第十三国民学校	赵志卿	私塾	李鹤庚	私塾
祉绍	京师第二改良私塾	包文濂	京师私立第十国民学校	赵会垚	私立广东国民学校
包锡涛	京师私立第十国民学校	富文福	京师私立第二十二国民学校	杨贵	京师私立第四国民学校
白文祥	京师私立第十八国民学校	邓金铎	京师私立第二十七国民学校	王殿邦	京师私立第十四国民学校
常禄	京师私立第八国民学校	李庆长	京师私立第十六国民学校	王远山	京师私立第二十八国民学校
鲁成铎	京师私立第四十六国民学校	苏联元	京师私立第十七国民学校	杨德林	京师私立第四十二国民学校
吕繇长	京师私立第十一国民学校	李肅光	京师私立第五十一国民学校	高树材	京师私立第五十四国民学校

① 京师私立小学教员夏期国语补习会纪事 [J]. 京师学务局教育行政月刊，1920（4）：2-5.

续表

姓名	单位	姓名	单位	姓名	单位
薛仲元	京师私立第五十三国民学校	洪永清	京师私立第十五国民学校	洪宗炳	京师私立第十五国民学校
赵忠全	孤儿院私立国民学校	那金萱	京师私立箴宜女学校	鄂成文	湖北铁路学校
张难先	私塾	张泳穆	河南泌阳县立高等小学校	雷延章	京师公立第四高等小学校
焦玉俊	京师私立幼女学校	杨崇煦	怀幼师范学校	张建忠	京师私立第十三国民学校助
雷世繇	京师私立第五十五国民学校助				

该补习会所学习的科目为国音、国语文法、国语教授法等，为期两周。具体讲习内容为：发音机关（发音学）、国音的解释、注音字母的由来、注音字母的发音、声母的类别、注音字母排定的次序、声母的用法、韵母的类别、四声的读法、注音练习、词的界说（文法）、语句的构造、名词表、国音的音调和书法、形容词表、标点符号释名、代名词表、标点符号用法、副词助词表、语体文范、介词连词表、教授法。① 内容包含国语各个领域，十分丰富，且切于教学实用，影响积极。

还有一些其他的组织也出于不同的目的参与进来，客观上为小学国语教师培训做出了贡献。如山东德州的西方教会公理会，“在寒假期内，办小学教员讲习所，特别注重‘国音’‘会语’‘国语教学法’等”②。

也有一些批评的声音传出，有人认为针对小学教师的这些形形色色的国语培训并非是完美的，而是存在着很多问题。首先，从培训方法上来看，就有很大的缺陷。有人形容道：“就是有几处设立讲习所研究会的，不过讲授三两兴起的注音字母，像那国音标准、发音学、语言学、教授

① 京师私立小学教员夏期国语补习会纪事 [J]. 京师学务局教育行政月刊，1920（4）：8.

② 国语界消息略志 [J]. 国语月刊，1922（1）：2.

方法……等重要事项，不去研究，并且有误会注音字母和国语是一件事的，这不是糟极么？”[①]其次，从培训时间上看，短期的语言培训虽然能显著地提升教师的国语水平，但限于培训时间之短暂，这种水平提升与小学国语教学所要求的目标还有很大距离。一些能够在首都或省会的正规国语传习所里面学习几个月或几周时间的小学教师，已经属于其中的佼佼者。更多的小学教师由于费用、时间等条件的限制，只能在县里面接受一周左右的学习，甚至很多地区的小学教师没有任何机会去参加任何形式的国语培训。但是无论他们学习的情况有多大的差异，他们都要继续在小学里教授国语。所以，小学国语教师培训的覆盖率就成为一个问题。有人建议："须令各县设法筹款，添办国语传习所，看经费的多寡，定期间的长短，令各校的教员，轮流补习。"[②]毫无疑问，这个理想的实现有很大的难度，并且愿意自费学习国语的小学教师在当时仍属于少数。教育部在北京办的国语讲习所原本是公费，1921年招收第三届学员时取消了公费，改为自费，结果除北京之外，几乎很少有外地应招的小学教师。湖南的盛先茂描述说："我看那样儿情景，很是不对，就毅然解私囊要求省政府咨送我去。等到北京调查同省人在那里考取的，还有三四个人，在面子上也算很好。"[③]

在少数民族地区小学的国语教师培训方面，民国教育部门也做了一些工作。20世纪30年代，为了强化对边疆省份教育经费的资助效度，教育部决定在边省文化补助费中指定各省用途，其中亦包含黔、滇、甘、康、青、宁、绥、新、察、陕、川、湘、藏等十三省内的关于蒙、藏、回、苗等少数民族小学教师的培训费。[④]同时成立国语普及委员会，拟在少数民族学校中推行国语。一些省份遵照部令，也举办了各种类型的少数民族教

① 我一．提倡国语的难关怎样过渡呢？[J]. 教育杂志，1920（4）：7.

② 李刚中．怎样才能打破国语的难关？[J]. 教育杂志，1921（6）：8.

③ 盛先茂．湖南国语的状况 [J]. 国语月刊，1922（4）：1.

④ 教部推行蒙藏回苗教育计划 [J]. 边疆半月刊，1036年创刊号，第79.

师训练班，进行国语培训在内的各种少数民族教师培训工作，如广西的特种师资训练所及特种学校。抗战期间，边疆教育事业的地位得到提升。民国政府一些机构也参与进来，先后兴办了少数民族国语培训组织，名头最响的是参谋本部所办的边务研究所、蒙藏委员会所办的蒙藏政治训练班、中央政治学校附设蒙藏学校的语文专修科等三个。“可惜寿命都不长，最多的不多四期，少的仅毕业一个就夭折了，统计这三个机关前后毕业出来的人数也不到三百名。”[①] 其他相关机构的结果也基本类似。与汉族小学教师的国语培训相比，少数民族小学教师的国语培训所遇见的困难更大。吴宗济说：“一个教师要精通两种语言，这在事实上所难能办到的，纵或能够办到，在数量上恐怕就有严重的问题发生了。因此，这种教材和师资都相当缺乏，教学两方面都感到莫大的阻碍。”[②] 这种困境直至民国政府在大陆的统治垮台都未得到解决。

第三节 民国小学国语教师国语标准、检定与惩戒

有关小学母语教师所要达到的国语水准，民国政府教育部门似乎并没有一个完整的评估体系，仅是在一些政策文件中有着一些模糊的表述。民国一些学者据此提出了各自的理解。范善祥以为小学国语教师在国语的学习上应达到“语言纯熟的程度”[③]。这大概是当时学术界对此问题认知的共识。1936年，陈侠发表了一篇名为《小学国语教师自省标准》的文章，文中提出了一些对小学国语教师的基本要求，暂列如下。

（甲）习惯方面：

① 谢龙泉 . 谈训练边疆语文人才 [J]. 边疆通讯，1945（11-12）：1.

② 吴宗济 . 拼音文字与西南边民教育 [J]. 西南边疆，1938（2）：55.

③ 范祥善 . 教学国语的先决问题 [J]. 教育杂志，1921（6）：2.

1. 我有爱好读书的习惯否?

2. 我有每日读报的习惯否?

3. 我有利用空闲多读有益书报的习惯否?

4. 我有勤查字典词书的习惯否?

5. 我有参考书籍解决疑难的习惯否?

6. 我阅读较深的书籍,有细心体味内容的习惯否?

7. 我有阅读图书力求迅速的习惯否?

8. 我有随时记载读书心得和感想的习惯否?

9. 我在阅读时,有注意卫生条件的习惯否?

10. 我有时时刻刻搜集儿童图书的习惯否?

(乙)知识方面:

11. 我知道读书教学的最近趋势否?

12. 我能选择优良的教科书及儿童字典否?

13. 我会辨别教材的优劣否?

14. 我能适应儿童的需要,随机选择或创作教材否?

15. 我明瞭实用文的使用及作法否?

16. 我会编撰乡土国语教材否?

17. 我会编故事否?

18. 我会把故事改编为剧本否?

19. 我会做图说否?

20. 我会搜集民间故事否?

21. 我熟悉国语文法否?

22. 我能用浅明的文字或语言解释疑难字句否?

23. 我对于新式标点的运用能纯熟无误否?

24. 我熟悉标准音韵并能使用无误否?

25. 我对于常用字音能正确的读出否?

26. 我对于常用的字形有正确的认识否？[①]

客观来看，这些问题的讨论已经是十分详尽而具体的了。

在进行小学国语师资培训的呼吁下，20世纪20年代初，对小学国语教师的国语水平进行检定也被提上相关日程。1922年，在全国国语统一筹备会第四次大会中，就有很多提案涉及对小学教师的国语水平进行检定的讨论。如张毅任提出："各省每届检定小学教员时期考试科目，要将国语列为主要科；并由国语专门人员主试，不及格者不予许可状。"[②] 方毅、刘儒等提出："检定小学教员，加入国语一项。"[③] 又如，在安徽省国语筹备会提出的《拟请教育部通令小学教师一律学习国语案》中，亦明确提出一方面要为小学国语教师提供学习培训的机会，一方面要制定考核的界限。"第一，在行政方面，除开会外，并得采用他种方法，总须使小学教师均有学习的机会。第二，到十二年八月底，担任国语教授的人，仍有不认得注音字母的，即行撤换。"[④] 由秦凤翔提议，王璞、黎锦晖、范祥善、刘儒连署的《检定小学教员国语能力案》一案中，更是强调指出"直接推行国语者为小学教员，对于国语若无研究，必遗害儿童"[⑤]。因此，要求无论是师范毕业生，还是已经检定的教师，包括预检定试验者，"均应一律定时严行查察其国语能力。若不合格，不得为正教员"[⑥]。这场大会后，相关的讨论并没有停息。

教育界对小学教师的国语培训普遍持支持态度，多数人也认为需要通过适当的奖罚惩戒措施以激励。由此而增加的小学教师工作压力被视为正常。"小学教师，是教导全国未来的公民为天职的，肩膀上何等吃重，怎

① 陈侠 . 小学国语教师自省标准 [J]. 小学教师，1936（13）：1.

② 国语统一筹备会第四次大会议案全文 [J]. 国语月刊，1922（9）：6.

③ 国语统一筹备会第四次大会议案全文 [J]. 国语月刊，1922（9）：6.

④ 国语统一筹备会第四次大会议案全文 [J]. 国语月刊，1922（9）：6.

⑤ 国语统一筹备会第四次大会议案全文 [J]. 国语月刊，1922（9）：13.

⑥ 国语统一筹备会第四次大会议案全文 [J]. 国语月刊，1922（9）：13.

可以为了难的问题，就生出一种苟安的心呢？”[①]20世纪20年代，吉林省教育部门就提出：“对于未曾通晓国语，故意规避者，予以停薪或停职惩戒处分。”[②]该省还要求凡举行会期在一个月以上的假期讲习会皆须将国语列为必要科目。“讲习期满，其成绩在六十分以上者，由讲习会发给证明书。”[③]在1922年的国语统一筹备会第四次大会中，也有一则《用土音教授国语的，宜严加惩戒案》（提议人王璞，连署人黎锦晖、马国英、秦凤翔、申延秋），他们对一些不使用国语进行教学，仍旧采用方言的小学感到失望和忿怒，并以江苏为例，“江苏省内稍负时誉的各学校，除多数观望敷衍外，最荒谬的是少数自负过大的学校，因自己没有国音的技能，又不甘心学习。便倡造谬说，故意主张用土音教学国语，大背统一国语的本旨。江苏如此，他省可知”[④]。该提案恳请大会呈请教育部颁布惩戒命令，“凡教授国语，不用国音的，取缔他的教员资格，奉行不力的学校，撤销他的优良字样”[⑤]。这些提案虽没有全部实现，但从一个侧面反映了当时教育界的想法，也在一定程度上加快了小学国语教师培训的步伐。

① 范祥善. 教学国语的先决问题 [J]. 教育杂志，1921（6）：2.

② 吉林省促进国语办法 [J]. 国语月刊，1923（12）：4.

③ 吉林省促进国语办法 [J]. 国语月刊，1923（12）：4.

④ 国语统一筹备会第四次大会议案全文 [J]. 国语月刊，1922（9）：13.

⑤ 国语统一筹备会第四次大会议案全文 [J]. 国语月刊，1922（9）：13.

第八章　民国小学母语（国语）单项教学

除了国语教学法领域基本问题上的广泛争鸣外，在具体的教学法上，民国时期教育界曾于1919年至1927年，系统地引进了道尔顿制、设计教学法等西方教学方法。“虽然只有10年不到的时间，但却是中国教育发展史上的一个非常关键的历史阶段。”[①] 而有关小学国语教学的程序研究也在20世纪三四十年代取得了一些进展。1932年《新学制小学国语课程标准》颁布后，小学国语教学的范围逐渐扩展到语法、修辞、略读、精读、注音符号、说话等方面。很多学者结合当时的国语教科书设计除了一系列国语教学法，“这些教学法成为教师从事国语教学的重要参考”[②]。如在语用方面，民初小学要求内容为读法、书法与作法。至1923则变为语言、读文、作文与写字。1929年改为说话、读书、作文与写字。民国小学国语教育在识字、语言、课文及作文等单项教学领域的实践中都产生了一些经验，可供总结与学习。

① 耿红卫．民国语文教学法的嬗变与特征[J].教育评论，2013（4）：132.

② 耿红卫．民国语文教学法的嬗变与特征[J].教育评论，2013（4）：133.

第一节 识字教学

时人庾冰说小学教授文字，“当以教授语言为第一步”[①]。民国小学国语教学的基础是字的教学，其中包含字形、字音、字义的教学内容。字的内涵包括着音、形、义三个方面，所谓见形而读音，闻音而知意。民国学者对字形、字音、字义对于学习国语的重要性早有认识。在小学国语教学还没有取得合法地位的1912年，马裕藻在谈论国语的教授方法时就将辨字形与重字音列入“四大要”之中。一要为辨字形。“仓颉初文，大抵不外象形指事中独体之文。然欲先识初文，比当上溯独体篆文。既识独体篆文。”二要为重字音。“小学教师，于今音纽韵及古音纽韵。固宜知其大略。”[②]但在他看来，这些只是针对小学国语教师的要求，“然非所以施之儿童也”[③]。1920年，范祥善也谈到了字义学习的重要性。他称：“教授用字时候，还有一种困难地方，就是两个意义相近的字，用法决然不同。万一含混过去，学生就有误会的弊。”[④]他以“不”和“没”二字的细微区别进行了典型的讲解，从表面上来看，这两个字是几乎可以相似而通用的。但在实际使用中，这两个字却有四种情况不能通用：一是“不”字用作文言的非字的，如“不是”“不然”；“没”字用过文言的无字的，如“没有”“没得”。二是“不”字用以打消形容字的，如“不好看”“不好听”；“没”字用以打消动字的，如“没在家”“没在校”。三是同一打消动字，“不”字当未来用，如“不来”“不肯来”；“没”字当过去用的，如“没来”“没有来”。四是“不”字用作否定的意思，如“我不吃”“我不信”；“没”字用作否定的事实的，如“还没吃”“还没去”。

---

① 顾黄初，李杏保 . 二十世纪前期中国语文教育论集 [M]. 成都：四川教育出版社，1991：9.

② 马裕藻 . 小学国语教授法商榷 [J]. 东方杂志，1912（9）：6.

③ 马裕藻 . 小学国语教授法商榷 [J]. 东方杂志，1912（9）：6.

④ 范祥善 . 怎样教授国语 [J]. 教育杂志，1920（4）：7.

他也兼谈到了字音的重要："声则有高低强弱轻重缓急等种种变化。"[①]他认为国语教学中字音的教学应该得到专门的讨论。标准的字音教学十分关键。在教授国语的时候，每个字都应准确合着国音才算标准。为了达到这个目标，范祥善要求教师们在教学之先就在课文的每个字旁边标注出该字的国音。"诵习时候，就依照所注的声音，再留心语法的组织，分别出高低强弱轻重缓解的一种情态，那就对了。"[②]如果不能严格做到这点，依旧以方言或受到方言烦扰的语音进行教学，且不注重字音的声调，以杜撰的声调进行教学，如此则"非特形式上不能整齐划一，并且还足以阻碍国语话的进行"[③]。

以上种种说法获得了当时很多小学国语教师的赞同，并得以实践。如在1936年，湖南的黄德安就对这种以标准国音进行字音教学的方法给予了肯定的评价，他觉得采用这样的教学方式，即无论"音"还是"声调"都是以国音为标准，对于国语教学与国语统一有很大的贡献。但是他也提出了在一些当地方言与国音距离较远的地方，其教学易产生困难的具体问题。由于小学国语师资等客观原因的限制，一些教者不会用标准字音去实施教学，受教者也自然难以学到符合国音标准的字音。极端的情况发生在一些短期小学中，其注音教学的过程与质量都很难令人满意。"一般短期小学，有对于注音绝对未教者，而教过而不能应用者，有能应用而实际反生困难者。总而言之，短期小学课本，本为国语统一的条件而编辑，但在非国音区内不容易利用他来统一国语，本有国语普及的作用，但在非国音区内反因而增加许多困难，不能为普及教育的帮助。"[④]在这种情况下，黄德安等人主张暂时放弃国音的统一，部分或全部的牺牲标准字音的教授，而专注于教育普及的基本目标。"其最极端者，主张不用部编注音国音的

① 范祥善．怎样教授国语[J]. 教育杂志，1920（4）：10.

② 范祥善．怎样教授国语[J]. 教育杂志，1920（4）：11.

③ 范祥善．小学国语教学法的将来[J]. 新教育，1925（3）：462.

④ 黄德安．短期义教如何注意国语的统一与普及[J]. 湖南义教，1936（38）：293.

刻本，而改用注音方音的刻本。”[①] 但是以方音进行的教学方式，不但违背了民国教育部关于小学国语教学的部令，而且对于全国国语的普及、民族意识的增强与团结都是不利的。为此，国语推行委员会曾设计出一个折中的办法，即课本虽然注着国音，但是教学时，只须对字旁注音符号拼读无误，其注音符号右角之声调点，尽可按照当地“乡调”（即方音）教学，对于国音方音距离较远的字，可用方音来读，并在字的左旁，兼注方音。这样做法的好处是“他无须拘守国音，却又不必改注方音，可用国音的，尽量来用国音，不能用国音的，自由来用方音，取舍如意，出入自由”[②]。但这种方法仅是当时小学教育还未普及的国情下的权宜之计。即使是这样操作，也面临着学生学习上的一些具体困难。因为在现实社会中所呈现的每个汉字是不会另行标注拼音的，而在课堂教学时如果都是标注了拼音的情况，“儿童在学校里所获得的训练，与社会上所需的阅读活动，根本不同。这乃是背反教育原则的一件事”[③]。最好的学习方法应该按照未来要做的方式去教学，显然，每字注音的方式并不适宜小学国语教学。也有人以为只有在小学生确有需要的情况下，教师才应该用拼音去帮助学生识字。“至若在每一汉字上注音，那就给予儿童帮助太多了，结果将使儿童依赖这种帮助，而不去识别字形了。”[④] 这也是一种观点。赵廷为甚至批判道：“小学教科书不应每字注音，我觉得是十分明显的。倘若有人愿意把少数小学生，当做白老鼠一样，做一种实验，来求得若干客观的证据，当然我们也可以表示赞成。然若积极地推行汉字注音，把全国的小学生都像白老鼠一样，供作试验品，似未免牺牲太大了。”[⑤] 也有一些地区有新的创设，如北京地区的一些小学，“为初入学儿童学习方便起见，第一册暂用北京

① 黄德安. 短期义教如何注意国语的统一与普及 [J]. 湖南义教，1936（38）：293.

② 黄德安. 短期义教如何注意国语的统一与普及 [J]. 湖南义教，1936（38）：294.

③ 赵廷为. 小学国语教学问题 [J]. 国立中央大学教育丛刊，1934（2）：10.

④ 赵廷为. 小学国语教学问题 [J]. 国立中央大学教育丛刊，1934（2）：11.

⑤ 赵廷为. 小学国语教学问题 [J]. 国立中央大学教育丛刊，1934（2）：11-12.

土音，第二册完全改为国音”[①]。

一些人对于注音字母教学很有兴趣，他们强调教学中注音字母读音的正确性。如要求教师在教学时应正确举例，尽量避免下列的字：“（一）方音与标准音符号不同的字；（二）轻读的字；（三）在一个词里，两个上声的上一个字，或三个上声的上两个字；（四）在有入声的区域中，避免入声字。”[②]也有学者，如叶霖希望通过注音字母的练习以促进国语其他单项领域的教学效果。他建议：“低级部：指导儿童认识及熟读注音符号。中级部：指导儿童默写及拼熟注音符号。高级部：指导儿童作文，演讲，利用注音符号和国语。”[③]在这些练习的过程中，可以通过奖励先进、重复难点等方式，强化学生的学习效果。同时，还有人建议以游戏法教学注音符号。因为注音符号是一种纯粹抽象的记号，对于低年级的小学生来说，不是很容易学习，所以“只有利用游戏方法，才是教学注音符号的很好法则”[④]，包括使用七巧板拼成注音符号、用卡片练习以及直接通过集体游戏的方式来教学；利用故事方法，即在讲述故事的中间插入符号，以促进学习；利用儿歌法，即利用儿歌的教唱来教学注音符号等方法，都得到了倡议。

语音的教学其本质就是要排除方音，以统一语言的读音为标准音。严格意义上来说，语音的教学应是与注音字母的教学紧密捆绑在一起的。但实际上，两者的联系并非那么紧密。有教师以为语音教学首先是音符教学，其次才是拼音教学。涂淑英就以为：“教学注音符号，不一定要先把音符完全教会，再教拼音，最好先拿有实物可指的音符，或与已拼成的字音先教儿童，这样比单独教音符号或逐字教拼音的来得有趣味。”[⑤]这种意见也有一定的支持者，亦有教师以为相比注音符号，听力的能力培养更为重要。教师在教学的过程中要时刻注意对小学生发音的矫正，因为对于学

① 北京高师实验学校试用国语读本后之报告 [J]. 教育杂志，1922（6）：3.

② 王泽民 . 短期小学国语教学法 [J]. 民间，1936（12）：3.

③ 叶霖 . 国语教学上的语言统一训练问题的研讨 [J]. 安徽教育辅导旬刊，1936（28）：26.

④ 涂淑英 . 小学国语教学的我见 [J]. 南昌女中，1937（5–6）：104.

⑤ 涂淑英 . 小学国语教学的我见 [J]. 南昌女中，1937（5–6）：104.

生们来说，这首先是一种听力训练，先要让他们听得清楚明白后，才能组织他们进行仿效。吕朝相说教师在教学识字时，应保持嘹亮的发音，使学生准确掌握。如果是发音困难的字，还应多次重读。

事实上，在小学国语教学推行的背景下，字音的教学较之字形、字义更加重要，其矛盾也最为突出。虽然1920年，王璞替“中华国音留声机片”录音。1921年，秦凤翔作国语正音法。“从此以后，大家对于读音，有了明显的依据了。”①乃至一些地方教育当局强调要求进行规范字音的教学，如广州教育局“议决凡所属各小学校主任教员，均须一律注意国语，以期发音正确，而免参差一案，当经一致议决通过”②。但在现实的小学国语教学中，有的小学国语教师严格执行课本的注音教学，有的则变更了课本的注音，仍以方言乡调进行教学，还有很多教师对于国音与方言、平调与乡调无所适从。这种混乱的局面一直持续到1949年也未有大的改观。

民国时期有一些学者对小学国语教学的字汇量与字库进行了研究，其成果主要有：张公辉的《国字整理发扬的途径》；王文新的《小学分级字汇研究》；敖弘德的《语体文应用字汇研究报告》；戴坚的《中文五百基础单字表》；胡怀琛的《简易字说》；丁福保的《说文解字诂林》；赵荣光的《标准字汇》《基本字和民众课本用字的研究》《汉字问题和整理办法》《汉字新编》；李廉方的《国语基本字研究》；陈光垚的《简易字表》；陈鹤琴的《语体文应用字汇》；黄觉民的《常用字研究之总检讨》；徐元浩的《中华大字典》；吴廉铭的《基本字的又一尝试》等文论，还有全国国语教育促进会编的《标准语大辞典》等工具书。此外，还有类似于江苏省立无锡师范附属小学所编的《儿童与教师第十七期小学字汇研究专号》等文献。民国教育部门对此也有专门的意见。1935年，民国教育部颁布了《小学初级分级暂用字汇》，共收录了2711个字，并出台了《暂用国民通用基本字表》《国音常用字汇》《注音汉字字模表》等文献。抗战爆发后，

① 李晓晨．前期小学国语教学概要[J]. 新教育，1925（1）：126-127.

② 令市校教员注重国语[J]. 广州市市政公报，1930（351）：47.

随着形势的发展，客观上需要编辑新的小学教学字汇。1942年春，国立编译馆教科用书组受命选编了新的小学用字字汇。

在小学国语教学过程中，很难确认有多少学校严格地执行了教育部的字汇标准。20世纪20年代，民国教育部规定初级小学学生在毕业时应识得2000字左右，高级小学应识得3500字左右。这个标准被评价为“也是一种虚构之谈，并没有经过甚么调查统计的工夫，严格说起来，那里可以信得过”①。即使是采用了教育部的部编教材，也还会出现“应该先学的字未能先教，应该后学的字反而先教”② 这样的情况，而一些短期小学则相对一般的小学有所放松。“在文字学习中，最注重简易符号（如注音符号）的熟练；汉字的学习，既费时间，又费脑力，故不能注重，也不应注重。”③

民国教育部课程标准要求：“指导儿童习写范字和应用文字，养成其正确、敏捷的书写能力。”迎合这个标准的民国学者们对于小学生识字有一些方法论的意见。民国学者大多认为指导小学生识字应循序渐进，每天所学的生字应从前一天或当日所学的课文中选用。尽量选择那些他们读过的字，“这样不光能和实用练习，更会提高他写字的情绪”④。有一种教学程序是在讲解课文之前，先由学生自动提出生字，再由教师对生字进行讲解。但这种教学方式受到很多教师的批判。涂淑英就说用这种方式选字，“不但国音读不准，连字音符号也不清楚，但知教师读一声后，他们便像瞎子唱曲一般的随之而念，自然不会发生兴趣”⑤。有人将在学习课文前学习生字的方法称为“先摘法”，而将对课文浏览后再摘生字的方法称为“后摘法”。随着国语教学的推进，“先摘法”被越来越多的教师抛弃，认为不合学习原理更多的教师逐渐认识到国语教学不仅仅是为了识字，“如果单

① 范祥善．小学国语教学法的将来 [J]. 新教育，1925（3）：458.

② 赵荣光．小学国语字汇研究报告 [J]. 中华教育界，1948（4）：89.

③ 王泽民．短期小学国语教学法 [J]. 民间，1936（12）：2.

④ 刘松涛．谈谈初小国语的编写与使用问题 [J]. 教育阵地，1946（5）：22.

⑤ 涂淑英．小学国语教学的我见 [J]. 南昌女中，1937（5-6）：104.

为识字而读书，那不妨去读字典，何必学习国语”①。而“后摘法”“可以使儿童先了解课文大意后，再认识生字，使辨认生字时，有个着落”。并且“先阅课文，或因生字不识，不能了解大意，那么摘出生字后，更可以唤起学习的需要了”②。这种方法因而备受小学国语教师们的推崇。

字的偏旁与笔顺的教学也受到了重视。吕朝相说：“笔顺可以助写字的正确与迅速，故指导儿童认识笔顺，亦颇重要。”③有人以为要重点讲述字的来源演变，即六书的内容不可或缺。一些优秀的小学国语教师在教学时对于字的笔顺、结构都会有详细的指导，并注重写字训练的整齐与速度。这些都是值得重视的观点。即使是笔顺这种看似简单的内容，其教学也有一定的规律与难度。“先数清每字的笔划多少，再教儿童依次序念横、竖、撇、捺、点等笔划名词，儿童颇能随而反应，念而顺口，毫无错误。”④一般其正确顺法则是由上而下，由左而右，由外而下，由中而后左右。为了教好笔顺，民国小学国语教师们设计了很多教学方法，如在教室内放置笔划名称表（这类表内有笔划、名称、实例等内容）；在教室内装有沙箱画字（可以用木棒在沙箱内画字，用实物积字，用火柴棒积塔成字形）；用各色蜡笔，或规定用红色写第一笔等这些方式使学生对笔顺更加明了。

在教学生字的时候，民国教师们大多主张用以词带字的方法去介绍解释生字，不赞同分开讲单个生字。吕朝相说：“凡两个字组合成的名词，应该连在一起教学。”⑤在学习新的字词后，往往鼓励学生多进行练习。王泽民说：“每课堂生词中的新书用词，都要使学生有造句练习，使之互相批评，在多听多说中，得到正确的了解与适当的运用。”⑥在字义方面，可以先做动作，后读生字。对于很难通过动作表明的字义，要多方面地去教

① 沈百英．小学国语教学上值得注意的几个问题 [J]. 中华教育界，1949（10）：46.
② 沈百英．小学国语教学上值得注意的几个问题 [J]. 中华教育界，1949（10）：46.
③ 吕朝相．小学国语科教学之实际问题 [J]. 国民教育，1940（9）：33.
④ 涂淑英．小学国语教学的我见 [J]. 南昌女中，1937（5–6）：105.
⑤ 吕朝相．小学国语科教学之实际问题 [J]. 国民教育，1940（9）：30.
⑥ 王泽民．短期小学国语教学法 [J]. 民间，1936（12）：3.

示。但是练习的时间也不是无原则的越长越好，有人建议每天以10~15分钟为宜。对于一些代名词、简单的动字或静字的教学，有人建议以合契的暗示与练习来逐渐使他们掌握。在口述故事之后，可以不断采用重复的方式，为学生提供复述的机会，“使许多熟语熔化于儿童的语言中”[①]。关于每日学习的字数，并没有统一的要求，王泽民说最好每日学习四至八个新生字，也仅是一种理想化的想象。

徐侍峰以为当老师在课堂上进行板书书写的时候，如果有小学生有欲起而模仿者，可以鼓励其进行尝试，并应做全臂回转的、大的、单字或短句。在练字的工具上，他们一般不鼓励或较少选用毛笔，而以硬笔，如石笔、铅笔等为主，较之以往常用毛笔书写有很大不同。但也有人认为铅笔和洋纸费用较贵，不是所有的小学生都能负担得起，还可以采用粉笔或树条沙面作为代用品，进行写字练习。在一些条件较艰苦的中共根据地的小学中，“买不起石板，就用白灰在瓦片上写，有的在地上或沙盘上学些”[②]。如张家口根据地的一些小学，“平均五十个儿童中，有石板的仅有六七个人，儿童练习写的机会少，这在进行国语教学上是一个很不利的条件”[③]。有人以为小学低年级应以写中字或小字进行练习为主，而高年级可以练习大字。大中字的练习可以用九宫格进行，小字可以用直行格进行练习。初学者可以用“描红”“跳格”来帮助学习。在做写字练习的时候，要写有意义的句子，并将练习的重点放在一些特殊的字上，先学正书再写行书。因为一些农村小学不易购买正规的范本，有人建议“可用非宋体字的教科书作小字范本，没书时，也可借此抄书，两全其美”[④]。在写字教学中，民国小学教师一般要求学生要做到写得正确、整齐以及迅速。而在评阅学生的作业时，也对教师提出了耐心仔细的要求，“任何粗枝大叶懒省事的办

① 徐侍峰 . 初年级国语教学法的要点 [J]. 国语月刊，1922（2）：15.

② 刘松涛 . 谈谈初小国语的编写与使用问题 [J]. 教育阵地，1946（5）：21.

③ 刘松涛 . 谈谈初小国语的编写与使用问题 [J]. 教育阵地，1946（5）：22.

④ 吕朝相 . 小学国语科教学之实际问题 [J]. 国民教育，1940（9）：33.

法，都是有害的”[①]。

特殊的社会政治环境也对民国小学国语教师的识字教学产生了一定的影响。有的小学国语教师在教授国语时，将国语当作政治课来讲授，片面重视了思想教育，忽视了识字教育，“认为懂得了课文的意思，便算达到了国语教学的目的”[②]。也有教师仅重视识字教育，而不在乎思想的教学，单纯地为了识字而识字，完全不顾课本的内容。这些教学思路都是不对的。

第二节　语言教学

虽然文字可以代表语言，但在表达的过程中，语言更加直接与便利，所以在国语教学中教学分为语言（说话）与文字两部分内容。

在民国小学国语教学内容中，说话教学往往是最为薄弱的一环。陈兆蘅说：“小学里的国语教学一般的多以教科书为主，这是不妥当的，今后应当以‘说话’来训练。”[③]在很多小学，教师们为保持教学环境的静雅，不但没有把说话列入教学程序，甚至还部分的有意禁止。“谁要天真活泼的说话，那就会被认为最爱捣乱的顽童，叱骂和处罚，是当然免不开的。”[④]在当时大部分小学生所处的家庭环境中，儿童说话的机会、说话的培养也是十分少的。尤其在环境简单固定的农村家庭中，因为缺少新鲜事物的刺激，儿童的说话能力是很难在家庭中得到培养的。“我们要知道，低年级小学生，在第一学年第一学期和第二学期国语科，在语言方面须要使儿童练习简单的会话、短篇故事讲演；使儿童多习中流社会通行语。这对于国语科的学习，是有很大的助力的，而且这种活动是含有可能与

① 刘松涛．谈谈初小国语的编写与使用问题 [J]. 教育阵地，1946（5）：23.
② 刘松涛．谈谈初小国语的编写与使用问题 [J]. 教育阵地，1946（5）：20.
③ 陈兆蘅．小学的国语教材教法 [J]. 教育杂志，1948（12）：24.
④ 吕朝相．小学国语科教学之实际问题 [J]. 国民教育，1940（9）：27.

必要。”[①]

在选择与编配语料，即语言教育的基本材料时，舒新城有过详细地解读。他以为在编选讲演语料时候，每句只应含一个动作，并按自然的顺序展开每一句的层次。每套语料的组织应从5、6句开始，逐渐提升，但不应超过24句。其语言上的理解难度也应有层次的递进。在组织会话语料时，还要关注主题的趣味性。故事、普通讲演时的语料组织则与读文时的故事差不多，主题应该不残酷、不恐怖，要有教育意义且雅驯而不鄙陋。

民国学者认为在这样的情况下，实施有效率的课堂说话教学是不能缺少的。教师们首先要对小学生的说话能力进行评估，针对学生说话能力的现实基础，再灵活开展针对性的教学。有关说话教学有会话、故事讲演、普通演说、辩论、游戏工作等训练方式。在这类教学中，要注意主题的鲜明、健康与有趣味。恰如徐特立所说：“利用在生活中多方面的活动来丰富其说话中的词句。”[②]要有教师的指导参与其中，并尽力保证每个学生都有平均而充分的讲话时间。徐阶平就察觉到：“最近普通小学校里的语言教学，都是犯了这个通病，会讲话的小孩子，练习的机会非常之多，不会讲话的小孩子，永远没有讲话的机会。”[③]有些小学生因为害羞或是惧怕同学嘲笑，不敢讲话，或者讲话很少。他建议教师应该主动去关心这样的学生，及时鼓励。甚至要“留心不喜欢说的人的倾向，而把他所以为有趣味的资料当资料”[④]。

吕朝相设计了小学国语说话教学的一些内容，可作为我们对民国小学说话教学的观察。他建议首先要对学生进行“日常用语和有组织的言语活动”的训练。这样的训练可以在课堂教学中及整个在学校的时间中进行。教师们应该多利用自己与学生、学生与学生的交流机会让学生来进行说话

① 梁上燕．小学低年级国语补充教材底研究 [J]. 教育论坛，1932（5）：64.

② 徐特立．徐特立文存（第一卷）[M]. 广州：广东教育出版社，1995：165.

③ 徐阶平．小学校的语言教学 [J]. 中华教育界，1930（4）：4.

④ 舒新城．道尔顿制与小学国语教学法 [J]. 教育杂志，1924（1）：6.

的练习。“至于有组织的言语活动，过去有人把它编成教材，叫儿童机械去读，是不大好的办法。”① 而如果采取将行动与说话相结合的方法，学生就容易接受，并乐于去做。比如：“请你立起来，到我这边来，把这支笔拾起来，把这本书拿去，回到座位上坐下来。”② 这些有组织的说话方式包括讲故事、组织演说和辩论等。讲故事是儿童喜欢的一种锻炼说话的方式，而演说和辩论则是针对小学较高年级学生所组织的说话方式。如沈仲九就说演讲“于养成学生讲话的能力，是很有利益的”③。这些训练对于他们说话的语句、组织、材料、思想、姿态等有很大的帮助。“许多儿童讲话的时候，或是登台讲演的时候，都手足无措，不是把手放在口袋里，就是把手拉着衣角，还有眼睛不是向旁边望，就是向地下望，表示出一种不自然的样子来。”④ 因此，教师必须要对他们的会话姿势进行纠正。还有一些孩子因为受了家庭或社会语言环境的影响，会不自觉地说出俚语俗词，这些也是国语会话教学的障碍，需要教师们予以修正。吕朝相还对说话教学的一些原则进行了总结，摘录如下⑤：

（一）儿童初学说话时，应先养成听的训练；

（二）初学的语句，应在事物上表示，动作上表示；

（三）要在有趣味的事情上去找材料；

（四）说话应注重内容，不应太注重形式；

（五）要利用儿童自发的活动，随时随地都作为说话的机会；

（六）要和作文、读书及其他科目联络；

（七）要由片断的言语进而为有组织的言语；

（八）低年级儿童，注意其发音的正确；中高年级儿童，注意其语句的

① 吕朝相 . 小学国语科教学之实际问题 [J]. 国民教育，1940（9）：27.

② 吕朝相 . 小学国语科教学之实际问题 [J]. 国民教育，1940（9）：27.

③ 顾黄初，李杏保 . 二十世纪前期中国语文教育论集 [M]. 成都：四川教育出版社，1991：104.

④ 徐阶平 . 小学校的语言教学 [J]. 中华教育界，1930（4）：4.

⑤ 吕朝相 . 小学国语科教学之实际问题 [J]. 国民教育，1940（9）：28.

组织；

（九）要在表演上、游戏上、报告上练习说话；

（十）要注意示范；

（十一）应立定优良标准，鼓励儿童学习的兴趣；

（十二）发现儿童发音的错误，并加以更正；

（十三）应注重平均练习，并设法鼓励不常说话的儿童；

（十四）儿童说话时，要注意其语词及说话的态度。

这些原则要求有步骤地进行小学国语会话教学，并且主要由小学生自己自发进行，但教师的指导责任也不可缺失。“形式组织要儿童经验中多有，但配合的方法又是儿童经验中所无，足使儿童觉得新奇的。”① 原则还要求会话教学不完全在课堂时间进行，应是创造条件、随时随地进行练习。

徐阶平则设计了小学每个学年中会话教学的各自内容：“第一学年，演讲语、游戏工作、简易会话、童话演讲；第二学年，同第一学年，注重会话和童话演讲；第三学年，童话、史话、小说等的演讲；第四学年，同第三学年，加普通演说；第五学年，同第四学年，加辩论会的设计；第六学年，同第五学年，注重演说的练习。” ② 此外，还应结合各地的具体情形，尤其注重各地方言与标准语之间的紧密关系等来设计教学。在具体的教学程序上，他制定了具体的格式，具有一定的典型性，抄录如下 ③。

1. 一二年级应用程序

a. 练习演进语和游戏工作的

儿童活动⟷教师活动

↓　　　↓

① 舒新城 . 道尔顿制与小学国语教学法 [J]. 教育杂志，1924（1）：6.

② 徐阶平 . 小学校的语言教学 [J]. 中华教育界，1930（4）：3.

③ 徐阶平 . 小学校的语言教学 [J]. 中华教育界，1930（4）：5–6.

决定目的←→引起动机

↓　　↓

时听时说←→听说范语

↓　　↓

分部练习←→矫正语言

↓　　↓

通体练习←→指点语调

↓　　↓

计划表演←→鼓励演习

↓　　↓

表演动作←→相机指导

↓　　↓

鉴赏成绩←→批评结果

b. 练习童话演讲的

儿童活动←→教师活动

↓　　↓

决定目的←→引起动机

↓　　↓

讨论分组←→指示方法

↓　　↓

实地练习←→依法进行

↓　　↓

矫正土语←→指点音字

↓　　↓

改进语调←→开始范语

↓　　↓

注意态度←→指导动作

↓　　↓

鉴赏成绩←→批评结果

2. 三四年级应用程序

a. 练习演讲童话、史话、小说的

同一二年级练习童话演讲的程序。

b. 练习普通演说的程序

儿童活动←→教师活动

↓　　↓

决定目的←→引起动机

↓　　↓

讨论分组←→指示方法

↓　　↓

整理思想←→帮助计划

↓　　↓

开始练习←→实地进行

↓　　↓

注意声调←→相机指点

↓　　↓

矫正态度←→随时指导

↓　　↓

鉴赏成绩←→批评结果

3. 五六年级应用程序

a. 练习普通演说的

同三四年级练习普通演说的程序。

b. 练习讨论的

儿童活动←→教师活动

↓　　↓

决定目的⟷引起动机
↓　　　↓
选择题目⟷指示方法
↓　　　↓
讨论分组⟷随时指点
↓　　　↓
开始辩论⟷实地进行
↓　　　↓
集中焦点⟷相机指导
↓　　　↓
注意反驳⟷助提问题
↓　　　↓
鉴赏成绩⟷批评结果

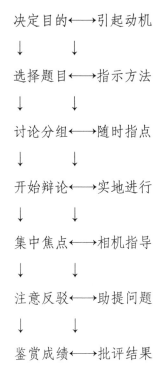

（五六年级如练习童话、史话、小说等演讲时，得根据一二年级练习童话演讲的程序，变通应用之）

以上设计对各个年级有不同的教学程序与要求，而其最终所要达到的目标，是能实现小学生对语言的合理组织，并进行完整、合理的国语演讲和辩论。

第三节　课文（读文）教学

在小学国语教学中，课文教学占据着重要的地位，其教学内容也最丰富。一方面它是其他各科学习的基础，另一方面它也是获得人类生活经验的主要途径。所以，课文教学在小学国语教学中一贯受到重视。在大部分的民国小学国语教师眼中，国语课文文章的学习是高于字、词教学的，也是国语教学的最高层次。如果说“小学教国语话的目的在于使学生于交际往来时互通声气”，那么，“教国语文的目的在于使学生有读书的能力、有发表思想的能力、有发表思想的工具”[①]。

民国小学国语教师在教学前选择课文材料的时候，一直觉得很困难。因为除了一些位于大城市的学校之外，很多小城镇及乡村学校教师都会觉得现行教材中的课文内容与他们所教学生的真实生活太远离了。而如果课文教材并不切合当地小学生的使用，又不能去求助于四书五经，适当的采用乡土教材也是一种方法。“无论在消极方面、积极方面，都是意味着乡土教材采用是切迫而且必要的。不管是把它当作中心读物，或是补充读物。”[②]一般来说，民国小学教师们注意到所选择的课文内容应具有牺牲、互助、奋发图强等精神，并应排除具有自私自利、消极退缩、悲观以及封建思想、贵族思想等内容。尤其是能够体现国民革命精神、民族民权民生精神的内容更为当时的小学国语教师们所推崇。此外，民国小学国语教师们还提出课文的内容应更多符合小学生生活经验及心理发育的状态，并能够最大程度地切合我国的自然社会环境。在语句上的编排也应明白清楚，符合语言的自然。这些要求综合起来，即是课文选择“中心思想要适合三民主义的精神”“教材内容应合于现实的生活”“题裁及形式应合于儿童的心理”“全部教材应顾及艺术化和科学化”。[③]更进一步，这些课文还应具有文学性质，即能起到发展学生的想象力、培养学生的美感、满足学生的好奇心等的作用。但是在实际操作中，自行选编课文教材是很难契合以上观念，收到满意的效果的。很多小学国语教师会发现选取外国材料容易与本国国情情理相背离，选取书报材料容易芜杂而不适合学生生活，在印刷上也难以与正规教材相比等问题。

有人认为在课文教学之前，教师除了以教科书和挂图为主的“正读本”

① 舒新城．道尔顿制与小学国语教学法[J]. 教育杂志，1924（1）：5.

② 吕朝相．小学国语科教学之实际问题[J]. 国民教育，1940（9）：28.

③ 吕朝相．小学国语科教学之实际问题[J]. 国民教育，1940（9）：29.

外，还要准备“辅助读本”。这些辅助读本中有期刊（如《儿童世界》《儿童画报》《小朋友》《福幼报》《童报》《儿童》等）、丛刊（如《儿童文学丛书》《故事读本》等）、书坊所出的各种教科书、各种小册子（如出版的各种童话、小小说等）。要准备读本以外的一些设备，包括：用文字将教室中的物品标注名称；用文字标注学校中各种实物模型、标准和画片的名称，等等。在从民间文学中选择课文时，可以从农谚、传说、田谣、山歌等形式中选择。“这样的教材，这样与生活息息相关的教材，对于儿童阅读的效益，确是很大的。”[①] 如成都实验小学所采用的《四川歌谣第二集》中的几篇课文。

斑鸠咕咕咕，我叫姑娘吃少午，姑娘打我两嘴巴，我在后门哭我妈。妈妈问我哭啥子，我说我在种瓜子，瓜子生，我同瓜子打老庚，桃子红，李子青，柑子树上挂红灯。

花蛾蛾，金灿灿。油梳头，粉盖面。手上拿把花花扇，走一步，搧一搧，格吱格吱真好看。

爬山豆，叶叶长，爬心爬肝想着娘。娘又远，路又长，坐在路旁哭一场。[②]

在具体的课文内容设计与选择时，李晓晨提出教学内容应分为一二学年及三四学年两个阶段，前一个阶段中各种国语题材内容讲述的课时安排分别应为：故事（20%）、童话（30%）、寓言（10%）、剧本（10%）、山歌（15%）、童谣（10%）、其他（5%）。后一阶段则为故事（25%）、童话（15%）、寓言（15%）、小说（20%）、剧本（10%）、山歌（5%）、其他（5%），去除了童谣内容，另增加了小说（10%）。[③] 舒新城则对诗歌内

① 吕朝相．小学国语科教学之实际问题 [J]. 国民教育，1940（9）：29.

② 吕朝相．小学国语科教学之实际问题 [J]. 国民教育，1940（9）：29.

③ 李晓晨．前期小学国语教学概要 [J]. 新教育，1925（1）：126.

容更为关注，建议小学低年级应以诗歌为主，高年级则逐渐减少。

范祥善以为在指导这些课内读物的时候，仍旧不能忘记国音的重要性，还要注意声调的标准。他批判了那些认为声调并不重要，只须欣赏文学便足够的论点。在进行课文的诵读时，王泽民强调应以一般速度的“说话”声调，不许哼哼、不许唱。“禁止学生齐读，快读。”① 而吴研因则将读文的腔调分为两种，一种是读散文的腔调。“例如官话区域，宜打起国语演讲的调子来，一句一句和演说一般的说下去。”② 而另一种是读韵文的腔调。“例如吴人唱四句七言山歌，不妨用吴歌调；唱十二月花名，不妨用唱春调；唱弹词不妨用弹词调。因为这样吟唱，很可以鼓励儿童的兴趣。”③ 这些观点都很有意义。

民国小学国语的教学中，修辞学内容并没有普及。范祥善以为小学生国语教学不需要讲述修辞学，虽然语句的组织是需要指导的，但这方面内容对于小学生而言很难理解，在小学阶段似乎没有讲解的必要。“太深了，儿童莫名其妙；太浅了，又觉得味同嚼蜡。”④ 有人以为和以往那种传统的“讲书”相比较，民国小学国语课本是语言较为浅近的白话文，并不需要过多的解读。沈百英说：“即使你可以用土话来翻译一遍，其结果一定变成越是讲得清清楚楚，越会使儿童听得模模糊糊。”⑤

以往民国小学教师们对小学国文文章的讲授，往往采取从文章的正面、反面、侧面、前一层、后一层等角度进行讲述。而小学国语阶段教学中有的教师会更加注重作者的思想研究。“思想周密的，全篇布置得天衣无缝，思想奇幻的，全篇好比山峰的突兀，河流的曲折。”⑥ 一些人以为要使小学生能够理解小学国语课文，必然要有一个使学生深究课文的过程。

① 王泽民 . 短期小学国语教学法 [J]. 民间，1936（12）：3.
② 吴研因 . 小学国语教学法概要 [J]. 教育杂志，1924（1）：16.
③ 吴研因 . 小学国语教学法概要 [J]. 教育杂志，1924（1）：16.
④ 范祥善 . 小学国语教学法的将来 [J]. 新教育，1925（3）：463.
⑤ 沈百英 . 小学国语教学上值得注意的几个问题 [J]. 中华教育界，1949（10）：46.
⑥ 范祥善 . 小学国语教学法的将来 [J]. 新教育，1925（3）：463.

陈侠就说深究课文首先是明白课文的意义与作法，使学生对此有体会与欣赏的机会。第二是培养学生的阅读能力，这种阅读能力的培养建立在广泛阅读与精读相联合的基础之上。第三是增强学生的想象能力，“倘若对于一篇文章，只是在敷浅的读讲，或斤斤于字和词的注释”①，是不可能增强学生的想象力的。只有利用好学生的好奇心，使学生深入其境地去阅读学习，才能有理想的效果。第四是增进学生语言与文字发表的能力，要逐步养成学生熟练使用语言、文字这种发表工具的能力。第五是培养学生创造的能力，那些“精密完善的想像力和组织健全的发表力，正是创造能力的基础哩”②。

在具体进行课文讲解时，也有一些基本的方法被民国教师们采用。如在每节课文开始讲解的时候，结合当时时代发展的背景，注意总结提炼出课文中体现的各种新观点。再如先对学生阅读的材料含义进行解读，尤其是使学生全面地掌握其中的语言知识点，然后充分以学生的想象能力为桥梁，引导他们去理解课文。最后带领学生对课文的意趣进行欣赏，提升学生对课文的理解。这里面包括了对课文中所描写的人物的心理状态、对课文事件发展的因果逻辑关系、对课文所展示的名胜建筑的感受等内涵。

民国学者与教师们对于课文的泛读与精读也有很多阐述。他们一般以为泛读的目的只在于领会课文的大意，但也有人有不同意见。蒋协力提出泛读应具有多读的内涵，即要保证小学生有一定的国语文章阅读数量。对于精读，他们以为需要使学生对课文产生感情的共鸣以及对课文中的各种字句、符号所表达的情意有深刻了解。大家都认可泛读大多由学生自习阅读，而精读则需要教师的参与。蒋协力以为精读的方法应注重速度与数量两个方面，在速度上，“才读新的文章，应格外慢。然后越读越快。到读得朗朗上口了，就再口诵心惟的慢读”。而读的数量可以适度掌控。“初读

---

① 陈侠．小学国语教学中的研究指导[J]. 江苏教育，1934（5-6）：214.

② 陈侠．小学国语教学中的研究指导[J]. 江苏教育，1934（5-6）：214.

的时候，可以通篇读。读上几遍，再改为分段读。遇有难读的段落，就可多加工夫。待到成诵以后，就又可以由快而慢的通篇读了。”①吴研因曾对课文的教学方法有具体的描述，为便于读者了解，特引述如下②。

一、要引起学习的动机

初入学的儿童，虽有家庭的暗示（例如令子弟入学，不称入学，往往称去读书。到校之后，往往于出学时，询问读了什么书。又如父母兄弟读书的在家读书，暗示尤多），但是他们并无读书的需要，要他们读书是很不容易的。即使读书已久的学生，因为读书终是静止的生活之故，也往往不肯努力读。所以教师要设法引起儿童学习的动机。其法：1. 多供给文字的环境，使他们触目就见文的标识，随后就可以捡得有趣味的图书。自然发生好奇心，触动想象，而有学习读文的动机。大约低年级儿童该用挂图、画片、揭示板等引起。2. 常令儿童有应用于实地的目的，使他们觉得读书之后，可以做出趣味的事情来，或得到优胜满意的结果，或能表示于他人之前，那么读书时自然有努力的倾向了。例如可表演的教材，于教学之先，问答设计要做一种表演，于是说明要做这种表演，非先了解了某种教材不可，因而导引儿童努力于某种教材。又如读一故事，先对儿童说："读这个有趣的故事，可以归告你的母姊或邻人……" 3. 常令所述所要诵读的教材，记载笔记簿上，而指导他自己去寻求诵习。动机有由儿童自发的，有由教师引起的。例如本能倾向于阅读故事，得读故事之后，便有满意之感；又如见了图书而生好奇心，看了一小段文字而触动想象……这都是自发的动机。教师用问答法，使之读文之后，能够得到何种满意的结果……这是引起的动机。读辅助读本的动机，往往由儿童自发，读正读本的动机，往往由教师引起。但是动机的引起，并不是在每次上课的某一时间，必须要施行的。某一种新教材教学的开始，设法使儿童觉着需要，再在作业时，略加兴味的鼓励，那就是了。

① 蒋协力 . 小学国语教学上的五多主义 [J]. 基础教育，1936（9）：28.

② 吴研因 . 小学国语教学法概要 [J]. 教育杂志，1924（1）：12–15.

二、要先全体而后分析

例如教学一篇文字，当从了解事实的内容入手，不要一字一句的枝枝节节，累积而起。旧时教学读文，先教识字，把生字新词的意义，一字一句的弄清楚，并且很熟练了，再进求内容。这种办法，一则很费时间，而所得到的效力很少；二则容易把整个的内容破碎，使儿童注意到枝节上去。现在则反其道而行之，须得到全体的意义，使全体的意义了解并且纯熟了，然后一句一词一字地分析练习。这一个原则，我们不必旁征博引的高谈阔论，只须回想我们幼时看小说的经验就知道了。我们看小说，第一遍只在事实内容上注意，第二三遍方注意文法的组织。看第一遍时，有些生字新词，虽不了解，因为切求内容之故，也往往推想他的意义而通过去了。即使当这切求内容的时候，见一生字新词必须查字典词典，反复地审辨，再读下去。这种麻烦的手续，一定要减少兴趣，我们也不愿去读了。因此，可知读文教学法。1. 初入学的儿童，不当从单字入手，要从有意义的语句入手；语句熟习了，方可分析字义。2. 在概览全课的中间，不当多费工夫，斤斤于生词新词的教学，遇有生字新词，只须轻轻指点说明就是了；等到全文意义既了解后，方可提出生字新词，分析练习。3. 在儿童对于文字的经验很幼稚的时候，不可和他们细讲文法；细讲文法，要在他们有许多具体概念之后。

三、要充分的辅助想象

读文要能体味入微：例如读传记，觉着自己便是传记中的主人翁；读游记，觉着自己好像真在那里游览；读故事，觉着自己好像亲见或亲身参与；那才能够深入其中，不致轻轻滑过错过。但是儿童读文，不易有此境界。所以要设法供给想象资料，引导他们的体会。例如文为“乡人背了一个衣包，夜里从城里回去。走到半路上，树林里忽然跳出两个大汉，来将他扭住……”在了解全体意义之后，可按照课文的顺序提出问题问答。“乡人的状貌，想起来，大约怎样？穿什么衣服？……衣包是怎样的？内容大约如何？乡人的家离城里远近如何？乡间的道路怎样？人家何如？夜里独行乡下路上的情形怎样？……树林的情形怎样？大汉的装束状貌，大约怎样？大汉把乡人怎样扭法？拉胸脯吗？拉手臂吗？抱腰吗？……乡人见了大汉，心里这样……”以补充儿童的想象。又如在讲解时随手画图，或用声音笑貌表现，这也是补充想象的方法。又如遇文中有省略之处，例如《哥伦布传》哥伦布和西班牙哲人辩论的部分和水手谈话的部分，为本传所不详的，可令儿童由想象而补充。

四、要用种种方法充分的练习

所谓种种方法:（一）字篇练习，例如用所预备的字篇，如旧时私塾练习方字的，做闪烁的练习。（二）抄写练习，指定一段文字，限定时间抄写，时限一到，检查成绩，比较谁快谁慢，谁正谁误，而施以订正批评。（三）默写练习，由教师或一个儿童口说字句，其余的儿童默写在黑板或笔记簿上，而教师随时巡视矫正。（四）朗读练习，一人朗读，众人闭书静听，等读完了，提出读法上的误点，共同批评订正。（五）默读练习，限定在某时间内，默读某课的全课，或一节，时限一到，立刻各闭书本，将该时间所读大意指名口述或各笔述。（六）类比练习，令儿童检查读过的文字，或形似的、或音同的、或韵同的、或意同的、或画数同的、或部首同的……在限定的时间内，把已习过的文字类比抄写，并且比赛成绩的迟速正误，加以批评订正。高年级并可把相同或相反的句子，加上法汇类而互相比较……无论何种练习，须用以下的三个方法，保持儿童的注意力。1.要多变化，例如时而问答，时而默读，时而朗读，时而字片练习，时而抄写练习，在用同一种方法练习时，也须变化多端，例如朗读练习，时而对读，时而轮读，时而偶读……2.要分布的练习，就是每天在读文时间内，划定几分钟时间，天天练习。例如生字新词字片的练习，不在某一时间内，持续的练习多时，定要儿童认识熟习，须今天将这生字熟词练习数分时，明天再练习数分时，后天再练习数分时……以前天天不间断的练习，以后每隔两天或三天练习一次；以前只须认识字形或联结的词形，以后乃教笔顺学抄写，将字形分析，将词类拆分讲解……3.要比较进步，或同学相互比较，或自己与自己比较。例如类比练习，比较谁正谁误，谁迟谁速等，这是相互比较；又如字片练习，使儿童自己把能读的字数记出，今天能读的几个，明天能读的几个……这是自己比较进步。

五、要随机设计表演

凡可设计表演的教材，要和儿童谈论表演方法，随机表演。表演时要注意：1. 时间要经济，不可太浪费。2. 要帮助学生，减少他们的困难，使他们成功而满意。3. 要使全体儿童都能得到表演之益，例如由一部分儿童表演，其余的儿童注意课文与所表演的情节对比而加以批评订正。

六、要多给以讨论判断的机会

这一个原则，应用于高年级学生熟习课文之后。讨论方法，宜根据课文的内容形式而加以比较的研究。讨论内容，在注意于文情文意；讨论形式，则注意于章法文法。讨论章法文法，宜将类似的或相反的提出，互相比较，而推论出结果来。谈论文情文意，宜设想那几处合的，那几处不合的，主要部分在那里，衬托部分在那里，并判断他的优点，和劣点的所在。讨论判断应注意之点如下：1. 要多给儿童以思索的余地，就是教师不当热心过度，亟要儿童从速判断，而与以暗示或说明。2. 要注意儿童的答语是否由衷之言，儿童的答语往往揣摹迎合，只求取悦于教师，教师当加以辨别，去其不诚笃处。3. 要以正当的理由为主，不当但顾答语的措辞机巧。

七、要使常习惯于组织的研究

就是对于课文一要能够集聚成点，二要能够省略不重要的部分。(一)集聚成点的方法：1. 分段落；2. 寻求文中的主要思想；3. 加符号，表明课文的价值的轻重；4. 把课文和标题对照提出意见，将标题修改或变更。用这方法，教师对于儿童要多加助力，或示范，或和儿童协议而将代表主要事实的短节文字，写在黑板上，并令儿童抄写在笔记簿上。(二)省略不重要部分的方法：1. 令儿童读书时，注意主要部分，省略不需要的部分，例如读新闻纸意在注重专电，则无关重要的地方小新闻可以省略。2. 令儿童约缩全文，省略无关系的枝节文字。例如令儿童陈述故事，初次所述的约有六页，逐渐缩成三页，再缩成一页……每次把不关重要的略去。3. 常用默读法，例如限定时间，令读完一定的字数，时时用此法练习，可以增进儿童的读书速度。

与以上观点类似，在教学中引发小学生对国语的兴趣，是很多小学国语教师的共识。引发学生兴趣的方式，一般而论，多是以讲故事为主。在南昌三师任教的涂淑英说：“当教师讲述时，儿童莫不聚精会神的静听，全堂秩序，不费一丝口舌，自然会安静无声，等到讲完故事之后，似感兴趣未尽，于是多数儿童异口全声地请求教师再讲。”① 沈百英也十分赞同这种办法，他尤其以为越是低年级学生越容易因为听故事而引起学习国语的兴趣。“因为教师讲个故事，等于令儿童学习听话；教师从故事中复述要点，由儿童模仿，等于令儿童说话；讲师再将故事要点，配合课文写在黑板上给儿童阅读，这是令儿童从听话、学话，渐渐地引到识字读书上去，这是国语教学中顶好的办法。”②

由于课堂教学的时间是有限制的，导致每一个课文内容的讲授时间也相应受到限制，教师不可能也不应纯粹以故事的讲述来完成国语课文的全部教学。涂淑英就设计了两种在课堂上讲述故事的方法：一是在未讲故事以前，教师应该陈述这堂课所讲的这个故事的目的，并说明这个故事只能当作比喻，或是鼓励学生先用心听讲，然后预留下课前的十几分钟为讲故事的时间，以免故事一讲完，儿童又要吵闹而妨碍教学。二是教师在故事的设计中将课文内容的材料组织进去，再以问答和启发的方式讲述给儿童听，并按照故事情节的发展而较多地采用动作来表示，使儿童既了解内容又不至于引起课堂秩序的混乱。③

在小学生朗读课文的训练中有集体朗读与单独朗读两种方法，两者各有效用。集体朗读可以使全班学生的读书声一致而整齐，振奋精神，秩序较好。但须注意不能故意怂恿儿童声嘶力竭地高声朗诵，“这样不但难得

① 涂淑英．小学国语教学的我见 [J]. 南昌女中，1937（5-6）：103.

② 沈百英．小学国语教学上值得注意的几个问题 [J]. 中华教育界，1949（10）：46.

③ 涂淑英．小学国语教学的我见 [J]. 南昌女中，1937（5-6）：103.

应有的效果，且对儿童的健康，也是有害的”[①]。单独朗读可以使学生不受他人语速、语调影响，但因为个人学习素养，易出现读国音不准确的情况。极端情况下，有的学生“只知道瞎念，眼睛总离开书本，于是教师只有令儿童每人用手指指着字句一字一字的读，但这种方法只能维持于一时片刻，时间久了，则仍恢复原状”[②]。不管怎样，因为小学生的记忆力较强，多读几遍后，就可以背诵，因此朗读法是一种有着较高效率的国语课文教学手段。在民国初期开始进行朗读训练的时候，还会有一些小学生由于接受过私塾的教育，在朗读时容易变腔，“声音没有高低顿挫，一个字和一个字声的长短相同，跟和尚念经一样。日子久了，慢慢变成只会溜口歌，念起来既不注意字句，更少想到课文内容的意思”[③]。这也是令民国小学国语教师们头疼而需要积极去矫正的问题。关于朗诵与默读哪种方法更好，民国小学国语教师们也是各有偏好。有人以为小学低年级学生以朗读为更好，“在低年级里，因为初步学习需要能都听得懂的字……故朗读训练，仍属重要”[④]。但是默读也有其作用，并可以和板书、报告、表演、游戏等方式结合进行。有些教师以为一些儿童文学类的课文，如诗歌、小品文等，因为较重视结构与章法，所以适合朗读。有些如传记、童话等，则适合默读去领略，了解其大意及简单布局即可。也有小学国语教师反对进行朗读，以为朗读对识字帮助不大。对于朗读至什么程度为宜，民国教师们也有探讨。有的以为读得越纯熟越好，以致沈百英批判道：“有的学校，至于一天到晚，捧着一本国语书在打着调子死读，这风气实在太坏了。”[⑤]他提出：“国语可以读，而不必课课读熟。”[⑥]而对于需不需要背、默课文，民国小学国语教师们也是仁者见仁、智者见智。大多人支持不必完全废除

① 刘松涛．谈谈初小国语的编写与使用问题[J]．教育阵地，1946（5）：21.
② 涂淑英．小学国语教学的我见[J]．南昌女中，1937（5–6）：105.
③ 刘松涛．谈谈初小国语的编写与使用问题[J]．教育阵地，1946（5）：20.
④ 吕朝相．小学国语科教学之实际问题[J]．国民教育，1940（9）：30.
⑤ 沈百英．小学国语教学上值得注意的几个问题[J]．中华教育界，1949（10）：47.
⑥ 沈百英．小学国语教学上值得注意的几个问题[J]．中华教育界，1949（10）：47.

背、默课文的能力教学，因为确实有很多背、默课文的需要，但他们也承认背、默课文并不能真正考查学生的国语能力。

对具体的课文讲授程序，有一些格式可以作为我们研究的参考。如陈侠老师对通中实验小学曾进行过国语教学实验的总结，就谈及了讲学课文的作法与文法时的一些格式，引述如下。

作法的研究

1. 立意

研究全文的要旨，即作者给这篇文章所负的使命。

2. 取材

研究全文材料的来源，如研究一篇文章，要辨别它是乡土材料抑是异邦材料；是史实还是寓言；是直观的描写，抑系想象的记录；是片断的记载，抑系整个的叙述。

3. 范围

研究全文所写事物的范围。如时间的起讫，空间的远近，事实的记载，人物的描摹等，都须确定其范围。

4. 人物地位

研究文中所写人物的宾主地位。文中主要人物和陪衬人物，研究时必需分别清楚。并研究怎样叙述，便可表现出宾主的地位来，怎样叙述，便会有喧宾夺主的弊病等问题。

5. 层次

研究课文中事实记述的次序。有依时间的先后为次序的，有依空间的变更为次序的，有依事实发生的先后为次序的……这些，都得和儿童详加研究，寻出文章的层次来。

6. 音韵

关于有韵的文字，当研究叶韵的字。有全篇叶一韵的，有每节换韵的。

并可研究韵文朗诵时音调协和的缘故。[①]

文法的研究

1. 词类

研究词类的性质，使儿童能够认识辨别和应用。词类有九种：名词、代名词、动词、形容词、副词、连词、介词、叹词、助词。

2. 句的组织

组成一个完全句子的，有五种语类。探究形式时，应和儿童分析研究：主语、述语、宾语、补足语、附加语。

3. 句法

句法的变化很多，有：反复法、对偶法、排叠法、直喻法、隐喻法、寓言法、相形法、拟人法、想见法、夸张法、负词法、诘问法、感叹法、倒装法、抑扬法、省略法、引用法、问答法、设疑法，等等。均应和儿童比较研究，便能认识，辨别和应用。

4. 篇法

篇法的变化有：顺叙式、散列式、头括式、尾括式、比较式、对话式，等等。也要和儿童比较研究。

5. 文体

有：普通文、实用文、诗歌、剧本的分别、普通文范围较广，应和儿童比较研究。[②]

吕朝相认为在第一年教学课文时，应引导儿童进行有意义的阅读，同时注重培养小学生自主阅读的能力，“阅读之先，预先要引起动机”[③]，而在激发学生的阅读兴趣后，要能够满足他们的这种兴趣。他对于课文教学也

① 陈侠．小学国语教学中的研究指导 [J]. 江苏教育，1934（5-6）：215.

② 陈侠．小学国语教学中的研究指导 [J]. 江苏教育，1934（5-6）：215-216.

③ 吕朝相．小学国语科教学之实际问题 [J]. 国民教育，1940（9）：30.

同样设计了一套过程[①]。

（一）引起动机

由故事讲述或发问，而引起儿童的兴趣。

（二）概览全文

默读全文，低年级应先看图书，看完以后，令儿童报告全文大意，概读全文。并将错误地方，写在黑板上，共同矫正。

（三）研究

关于词句、段落、章法、描写，以及全文的中心意义，及有关知识之研究。

（四）讨论

批评内容，构造及印象。

（五）整理

将各段大意、生字，及精彩之处记下。

（六）朗读练习

（七）应用

此外，民国小学国语教师们还有一些课文教学实践中的细节经验值得传承。如在教学的形式上面，1925年，李晓晨曾提出应语序自然、行文活泼、不雕琢、不滥用典故、用词普通、层次分明。[②]王泽民说讲解课文只要把所有的生词和语法规律都解释明白即可。“但说时须有表情，有神气，有时还要参以手势动作，或一人独白，或两人对话，或多人表演。”[③]总之，越有变化越好。范祥善以为在教学国语课文的时候，可以用比较的方式，围绕着句法、字音、字形、字义等进行教学。“比较的好处，一则可以提

① 吕朝相．小学国语科教学之实际问题 [J]. 国民教育，1940（9）：31.

② 李晓晨．前期小学国语教学概要 [J]. 新教育，1925（1）：125.

③ 王泽民．短期小学国语教学法 [J]. 民间，1936（12）：3.

起联想的观念，二则可以发生类化的作用。”① 在语法教学方面，民国学者谈论得较多。也有学者以为在每节课后，教师都应该留出时间，专门练习语法规律用词。练习的方法，以教师举例，学生仿造为主。在四年制的短期小学的国语教学中，由于年限的缩短，不能兼顾语言与文字，于是语言训练成为其中最重要、最基本的教学内容。

民国小学国语课文的教学肯定是艰难和复杂的，一方面是因为小学生处于特殊生理心理阶段，难以与教师和谐配合。尤其是小学低年级的学生，初进学校，需要一个适应的过程。“怯弱的儿童整天都在吊掉眼泪，叫爷呼娘的，对于先生十足地表现出畏惧的样子，无论先生验证的设法和他们亲近，他们都是一样的畏惧。”② 虽然低年级的国语教学内容并不复杂，但是如果稍有失当，“便处处会使人感到困难”③。一些教师只要教学方式稍欠变化，学生的兴趣就不能持久，教师秩序就会变糟。而高年级的学生虽然在教师的暗示下可以保证较好的教室秩序，但对教学过程还是很难应付自如。“譬如教师在讲解课文的时候，遇有难字杂句，解释欠详细，或说话不顺利，就会给儿童一个不好的影响，而不信仰教师，有些顽皮的儿童，更会故意地从根掘底的发问，如果教师答复不出，那真是糟糕极了。”④ 另一方面则是因为国语教学的难度很大。“因为国语是最有格律有方式的语言，稍不注意，便要蹈于不规则的途径，不但于同一语言上无补，而且要发生很大的危险！”⑤

抗战胜利后，在一些地区的小学中，有的教师过于追求实际需要，“忽略了正式课本的系统性与计划性，只以眼下应用的需要来作为课文取舍的标准”⑥。于是出现了从课本中抽出几课来讲解的现象，也有的教师根本就

---

① 范祥善．小学国语教学法的将来 [J]. 新教育，1925（3）：463.
② 梁上燕．小学低年级国语补充教材底研究 [J]. 教育论坛，1932（5）：55.
③ 涂淑英．小学国语教学的我见 [J]. 南昌女中，1937（5-6）：103.
④ 涂淑英．小学国语教学的我见 [J]. 南昌女中，1937（5-6）：109.
⑤ 程骏．国语底危险 [J]. 国语月刊，1922（5）：1.
⑥ 刘松涛．谈谈初小国语的编写与使用问题 [J]. 教育阵地，1946（5）：22.

抛弃课本来讲，“索性废除课本，让学生抄报纸上、旧杂志上一些新诗和小说，及教师编选的杂文来读，更有的宁可干脆暂时停止这门课”①。这些情况有时候造成了教师选编的内容质量的下降，教学效果受到影响，连带影响到教师的工作积极性与信心。“在根据地以及新解放区的个别学校，都会发生过这样的事实。”②

第四节　作文教学

作文是处理思想感情及发表的一种能力，也是一种生活的工具。在小学国语教学中占有重要的地位。民国小学作文教学一般要求学生的作文水平能够达到运用的水准。为此，要求民国小学国语教师们对小学生的写作能力做动态的分析，并进行有计划的教学。

民国时期，对于小学国语作文教学的意见很庞杂。“作文教学的目的，在使儿童能操纵语言文字，把语言文字做发表情意的工具罢了。”③ 在打造作文教学的基础工作上，有人以为必须以说话训练为抓手，否则作文教学容易失败。所谓“儿童既有说话的练习，进于写作，实是自然联络的事，并不烦难”④。因此，他们建议小学低年级或短期小学的作文教学应从口语训练入手，再进行造句练习，最后进行各种命题作文的写作。至于作文题目的选择，应以教师命题进行，且这些题目最好围绕小学生生活的环境及经验而设计。如王泽民建议：“利用地方流行的民间故事，日常用品，偶尔事项，地方新闻，简短的训话”⑤ 等作为选题来源。也如吴研因所说：“把往时读文中所甚重、改组后所减轻的日用文，特别注重。”⑥这种思路与

① 刘松涛 . 谈谈初小国语的编写与使用问题 [J]. 教育阵地，1946（5）：22.

② 刘松涛 . 谈谈初小国语的编写与使用问题 [J]. 教育阵地，1946（5）：23.

③ 吴研因 . 小学国语教学法概要 [J]. 教育杂志，1924（1）：20.

④ 叶绍钧 . 小学国文教授的诸问题 [J]. 教育杂志，1922（1）：9.

⑤ 王泽民 . 短期小学国语教学法 [J]. 民间，1936（12）：4.

⑥ 吴研因 . 小学国语教学法概要 [J]. 教育杂志，1924（1）：1.

以前小学实行国文教学的阶段有很大的不同。吕朝相评价这样做的目的在于:“在多方的生活活动之中，训练儿童各式各样的作文能力。”[①]同时，他们还提出在进行作文教学时，尤其是小学低年级的作文教学时，要注重自然发表的养成等意见。据观察，民国小学国语教师们在作文的范例指导时，所用的材料大多以实用文、说明文为主，不大采用文学文。所采用的范文也多以层次分明、结构完整、思想清晰为标准。

在具体进行作文教学时的程序大致为先由教师辅导学生进行一些作文的练习。然后由教师命题，再由学生独立写作。写作的内容形式也按照年级差异而有所不同。比如，有人建议:“三四年级注重记叙文、说明文、实用文，五六年级逐渐注重议论文。”[②]在指导的时候，要时时注重学生的需要，随着学生的动机进行导引。“例如儿童要表演，可指导他制作戏剧的说明书;儿童因某事而要和他人通信，可指导制作某种信件的方法。”[③]作文教学内容要考虑到实际的应用，使学生有真情所发，并和生活经验相互补充。如多以小学生个人生活记录和各种特殊的生活记录为主，包括参加运动会、旅行、演讲等内容。也有对实物进行临摹，如对校园设备、校园环境、教具及学校所在地的风景进行临摹。还有一些具有应用性质的命题，如书信、布告、通讯稿等，以及采用读书笔记等方式。总之，这些选题都要注重能使学生有话说，不能超越他们的经验范畴。因为国语教学最主要的目的在于使小学生运用国语，所以，一些教师也在实际教学中指导小学生进行国语的应用作文实践。即使是在艰苦的抗战阶段，很多小学国语教师也经过努力，有很多新的创造。“如二三年级的学生学会写文契、借帖、书信……这在过去的小学中是很难做到的。”[④]再如在一些根据地小学中，有教师发动学生“给子弟兵或民首长写慰问信”，给老师、儿童团等写报告。

① 吕朝相 . 小学国语科教学之实际问题 [J]. 国民教育，1940（9）：31.

② 吴研因 . 小学国语教学法概要 [J]. 教育杂志，1924（1）：23.

③ 吴研因 . 小学国语教学法概要 [J]. 教育杂志，1924（1）：23.

④ 刘松涛 . 谈谈初小国语的编写与使用问题 [J]. 教育阵地，1946（5）：19.

"如曲阳范家庄小学生组织的群众代笔处，以及各地小学生自己成立的合作社由自己管理账目，或自己办壁报，都是练习应用的好办法。"①

小学生作文水平的提升需要长期的练习，蒋协力就将作文视为一种技术，而技术的养成是需要不断地练习的，所以他以为让小学生多作、多揣摩是做好作文的基本功。刘半农建议学生："下笔前应先将全篇大意想定；勿作一句，想一句，做一段，想一段。"② 陈启天则说："最经济最当稳的，只有列表分段法先整理思想，把要发表的意义，列个简表，再照表分段发挥于文卷，以清眉目。"③ 除了课堂作文外，还有日记、课外作文、各种报告的撰写都可以锻炼小学生的写作能力。文章中心思想的决定、材料的选取、篇章的布置、段落的分析、词句的构造等方面的能力，可以通过对范文的揣摩而得以提高。他并不赞成以一套固定的模式统一所有小学生的作文教学。因为他说一些国语作文名家虽然自己写作能力强，但也难以给出作文提高的具体方法。而各个书局所提供的文法书，"除了研究词性，还是研究词性，对于作文，也没有大的帮助"④。但是，通过自己多练习、多揣摩，小学生的国语程度，"莫不因之提高"⑤。

民国小学生在进行国语作文时常犯的错误大致有以下几种：一、文不对题。因为对于文章中心思想的理解不够准确，容易在写作时出现偏题的情况。二、辞不达意。很多小学生由于经验、技术及字句的素养不够，不会用简单明了的词句来表达文章的意思。三、错别字太多。这都需要教师们更加尽心去教导。有教师提出批改作文不得法也是作文教学需要注意的方面。建议在批改时应包含对内容结构、思想内容、形式等方面的批判。偶尔可采用学生自己修改的方式，若是较多人存在的错误则需要集中进行矫正，个别的缺点则个别纠正。

---

① 刘松涛．谈谈初小国语的编写与使用问题 [J]. 教育阵地，1946（5）：22.

② 顾黄初，李杏保．二十世纪前期中国语文教育论集 [M]. 成都：四川教育出版社，1991：65.

③ 顾黄初，李杏保．二十世纪前期中国语文教育论集 [M]. 成都：四川教育出版社，1991：160.

④ 蒋协力．小学国语教学上的五多主义 [J]. 基础教育，1936（9）：29.

⑤ 蒋协力．小学国语教学上的五多主义 [J]. 基础教育，1936（9）：29.

第九章　影响民国小学母语教育的特殊因素

民国小学母语教育存在着一些特殊的因素，这些特殊因素在民国小学母语教育的特定历史阶段有各自的施力，影响着民国小学母语教育的推广与进行，对这些特殊因素的分析体现出民国小学母语教育的阶段性与复杂性。在标准国语制定与小学母语教育的实施中，很多并非完全学理上的并起影响因素貌似才能够语言学学理出发，实际上却“展示了不同地域和阶级意识的冲突，夹杂着各异的文化和政治诉求，但又多与‘平等’这一共同的核心价值理念相关”[①]。在这些特殊因素的影响下，国语标准不断进行着修改。“每一次修改都是语言学学理和众多政治—文化权力共同作用的结果，而后者的影响力往往还超出前者。”[②]具体来看，北京语与国语的特殊矛盾、各种社会文化潮流、汉族区域群体文化、政府控制、民族融合目标等是影响民国母语教育的特殊因素。

第一节　北京语与其他方言的特殊矛盾

之所以这样称呼此一问题，是因为在标准国语的确定时，虽然具有主体语音的多种选择，但由于北京这个城市具有特殊的政治、文化、区位优

① 王东杰．“代表全国”：20世纪上半叶的国语标准论争[J]. 近代史研究，2014（6）：77.

② 王东杰．“代表全国”：20世纪上半叶的国语标准论争[J]. 近代史研究，2014（6）：77.

势，从而造成了北京语在国语大讨论中的特殊地位，这对国语的确定有至关重要的影响。这种影响不同于其他区域的汉语方言或少数民族语言与标准国语之间的矛盾，而是具有全局性、整体性的性质。事实上，正是北京这种具有特殊优势地位背书的城市方言，最终击败了全国若干汉族方言，成为了标准国语的主体。

贯穿于民国母语标准音的大讨论，影响最大的有两个派别：一派是要求直接将北京话定为国语，以北京话或大部分北京话的元素作为国语的标准；另一派则要求“会通”，即将全国其他汉族方言的语音语调语义融合组合，定为国语的标准。这两派也各自有不同的内部差异，各自争取政府、学术界与舆论的支持，形成了激烈的论战。如北京话本身的界定就存在着争论，在明清时期，事实上存在着以北京话为代表的北方官话（有称北音）、以南京话（江淮官话）为代表的南方官话（有称南音）及西南官话三种官话系统。其中，西南官话由于地处少数民族聚居区，加之远离政治、经济、文化中心，无论是政治支持力量，还是经济文化群体，都处于较弱势的地位，故在与北方官话、南方官话的话语权利之争中处于弱势。但南方官话与北方官话之间，两者的力量对比却势均力敌，难分伯仲。明清之际，特殊的国家政治、经济、文化格局造成北方官话长期占有政治优势，南方官话则享有经济优势。虽然学术界对于是否存在南北官话体系仍有异议，但在明清两朝，南北官话各自在中国华北、华东地区占有通畅流行的便利则是一致的认识。也有人认为官话仍是一种超越于南北官话之上的共同语言系统，即所谓“普通官话”。“普通官话”概念的出现，正恰恰反映了当时南北官话两套系统的客观存在。至清末民初，随着近代传媒的逐渐兴起，中央话语体系逐渐侵蚀南方官话区域，北方官话已经具有一定程度上超越南方官话的优势。有人甚至以为官话就是北方官话，就是北京话。但在当时的中国，并没有真正从学理角度进行严格界定与区分的官话概念体系，更多的是一种习惯性的大众化的区分。如在北京话的概念界定上，也有北京官话与北京土话的差异，有时候这两者之间的差异十分明显。在民国国语的争论中，支持北京话为国语的一派与支持会通的一派之间，往往也常混淆使用北京话的概念，其内涵的使用往往受使用者的主观立场而决定。支持北京话为国语标准的往往使用的是北京官话的内涵，而会通派则大多视北京土语为北京话的代表。会通派甚至常将北音与北京音等同看待，以此襄助其会通的观点。

民国国语大讨论中，人们对于国语的概念也有不同的理解，其中大多分为口头语言与书面语言两种。人们一般将白话文作为口头语言，将普通官话作为书面语。虽然在文字的语法方面，汉语各地方言与北京话的差别并不严重，大部分可以互通理解，也为会通派与北京派在文字上的合作奠定了基础；但在语音、语汇两部分，两派确实存在着很多的矛盾。虽然说语汇的差异尚可通过编订统一的国语语汇资料以确定，并能获得两派积极的认可，但两派之间关于国语语音的矛盾是尖锐而敏感，难以调和的。在语音上面的争论不但局限于此，还涉及更加细微的声腔音调的差别。

在清末民初，赞成会通派的力量较大，很多人反对以北京话作为国语的主体，原因在于当时北京的语言不是汉族纯音，一些人认为北京话是杂合了北方少数民族尤其是满族语的诸多元素，不能作为汉族为主体的民国国语的主体。还有一些人以为北京语根本不能算是一个独立的或是具有历史性质的话语体系，不能代表明清以来北方流行的官话。甚至到了1920年，吴稚晖还在强调："京音算做一物，不过三十年以来，日本人把他抬举出来。"[①] 他认为北京话只是临时性的，不应被广泛认可的，甚至是一种臆造的语言体系。在民国政府初肇、革命氛围浓厚、民族主义情绪高涨的环境下，清末民初的这场争论很快有了结果，会通派的意见得到了肯定。其标志是1913年在全国读音统一会上通过的国音标准，后又被称为"老国音"。新文化运动初期，一些读音统一会会员成为新文化运动的积极提倡与实践者，很多人是会通派，为了增强老国音的会通性，他们对国音进行

① 吴敬恒（吴稚晖）. 答评国音字典例言 [J]. 时事新报，1920-11-28（1）.

了修订。1919年5月，在教育部国语统一筹备会上，就决议在注音字母中添入一个表入声的字母。

20世纪20年代初，在当时的文化、思想等诸多潮流的影响下，一批南方出身的学者却再次提出了国音问题。他们不但较数年前的北京派更加直白地提出支持北京话为国语标准，而且还揭露出1913年的国音确定实质已经是北京话派的胜利。同时，仍有很多南方会通派学者对于1913年编制的注音字母及字音不满，而坚持对北京话的声讨。这场争论被称为“京国之争”。在争论中，一些学者的话语使我们更加明了北京话在整个国语争论中的优势地位，甚至明了在1913年“老国音”的确定中北京话的实际分量。如吴稚晖曾反复声言：“现在的国音与北京音比较，简直有百分之九十五相同。所以可说国音就是北京音。”[①] 黎锦熙说当年国音统一会所通过的39个注音字母与6000多字的读音虽说采用了会通原则，但实际上基本是以北音为标准。而这样做的原因，只是为了在表面上敷衍南方人为主的会通派。“现在依旧案颁布，正是北京音占了优胜。当时不敢说他是北京音，就是因为怕江南人的反对。现在江南人自己服从了京音，就是服从读音统一会旧案，就是奉行国音，何以反和国音发生冲突呢？”[②]这番言论无疑对会通派而言是一种损贬，使会通派十分不满，而同时北京话派再度强硬起来。争论持续了一年之久，双方在国语统一筹备会中继续争锋，最终该会决议维持原案，但在具体思路上却有了新的智慧。该会通过以普通官话包含北京音的方式，强调北京音与国音的高度相关，认为两者具有很多共同点，阐述了两者之间不可分别的联系，也就是在事实上承认了北京话在国语中的特殊地位。该会在回应全国教育会联合会决议案的文件中强调：读音统一会所定国音“本以普通音为根据”，也就是“旧日所谓官音”，亦即“数百年来全国共同遵用之读书正音”，本具“通行全国之

① 吴稚晖．草鞋与皮鞋 [M]// 吴稚晖先生编纂委员会．吴稚晖先生全集（第5卷）[M]. 台北：中国国民党中央委员会党史史料编纂委员会，1969：294.

② 黎锦熙．国语中“八十分之一”的小问题 [N]. 时事新报，1921-02-19（2）.

资格”。京音因“所合官音比较最多”，故也在国音中占有“极重要之地位”。但北京的若干土音，“无论行于何地，均为不便者”，自当“舍弃”。至“该会所欲定为国音之北京音，即指北京之官音而言，绝非强全国人人共奉北京之土音为国音也”。故“该会所请求者实际上业已办到，似可毋庸赘议”[①]。因此，北京话派的要求在学理层面基本得到满足，而会通派也无法辩驳，争论遂告一段落。而在事实上，“京国之争”一举奠定了北京话在国语标准中几乎不可动摇的主体地位。1923年，国语统一筹备会决议对《国音字典》再次进行了修正，将北京音作为修正的标准。1927年，国语统一筹备委员会开始编纂《国音常用字汇》。据吴稚晖起草的国语统一筹备委员会（由国语统一筹备会改组而成）向教育部的呈文所称：此工作的“第一原则”，就是“指定北平地方为国音之标准”。1932年5月，教育部公布《国音常用字汇》，这部字汇被称为“新国音”，确立了北京音在国音中的绝对地位。在这场争论中，还因为用活的时代语言代替死的语言的观点得到了很多学者的支持，包括钱玄同等在内的很多学者转而改变立场，支持北京话派，也是北京话派大获成功的一个助力。

第二节　社会文化潮流的影响

民国时期，对于国语运动或小学国语教育影响最大的社会文化潮流应是白话文运动与左翼文化运动。

一、白话文运动与小学国语教育

20世纪二三十年代，由晚清启蒙的白话文运动又有了新的内涵与发展，也因此对民国小学国语教育产生了一定影响。晚清时期的白话文原本

---

① 热河道道尹公署训令第588号（1921年3月31日）[A]. 辽宁省档案馆藏，热河省公署档案，JC23/1/30820.

针对文言文而论，但仍属于古代白话文。新文化运动以来，白话文运动开始有了新的发展，朝着使全体国民都能更加快捷、全方面的掌握语言的方向前进。白话文在其演变发展过程中，大量吸收了日本及西方的近代词汇，在语法结构等方面也有一定的借鉴。我们可以看到自清末开始，日本新名词大量进入中国语言文化体系中，很多中国近代知识分子首先接受并使用这些舶来词汇。同时也有很多人反对，但在具体的语言实践之下，在近代词汇猛然蜂拥而入的环境下，这些新词汇逐渐被大众所接受，成为汉语语言体系的有机组成部分而保留了下来。白话文在总体上更加浅显、易懂、活泼、生动、接地气。民国时期的白话文一般分为官话白话文（即京白，流行于北方）、吴语白话文（苏白，流行于苏南等地）、粤语白话文（粤白，流行于广东一带）、韵白（流行于河南一带）等，还有一些不在此四大类中的各地“土白”。而官话白话文占据了白话文的主导地位，其流行在标准国语的确立过程中起到了很大的作用。一方面，白话文运动使得国语标准的确立更加复杂，另一方面，在国语标准音的确定过程中，对京白的借鉴十分明显。

在民国小学国语教育层面，经过白话文加工的书面语，即语体文，成为了民国小学国语教育的主要形式。1920年1月，民国政府教育部正式颁令，确认小学、国民学校的国文教育一律采用语体文，即白话文。此后，白话文运动又对大众化口语有直接的促进。这些都直接对国语运动产生了影响。建立于白话文运动基础上的国语运动，最终影响到了小学国语教育的发展，而国语教育又对全国国民语言的统一与规范起到了巨大作用。

二、左翼文化运动与小学国语教育

20世纪30年代，左翼文化开始兴盛。其运动领导人瞿秋白等人超越了白话文运动，他们反对国语，提倡以“普通话”代替国语概念，主张南北语音混合，以1913年全国读音统一会通过的国音标准，即“老国音”，作为普通话的国音，甚至直接建议以上海工人阶级的语言标准为主体来建构“普通话”。再次，他们对以北京话为主体的国语提出了异议，“左翼语文运动兴起，力图用‘普通话’取代‘国语’，同时对北京（北平）话作为标准语的地位发起进攻。”① 瞿秋白说：“无产阶级不比一般‘乡下人’的农民。‘乡下人’的言语是原始的，偏僻的；而无产阶级在五方杂处的大都市里面，在现代化的大工厂里面，他的言语事实上已经产生一种中国的普通话（不是官僚的所谓国语）！”② 鲁迅也提到：“现在在码头上、公共机关中、大学校里，确已有着一种好像普通话模样的东西，大家说话，既非‘国语’，又不是京话，各各带着乡音、乡调，却又不是方言，即使说的吃力，听的也吃力，然而总归说得出，听得懂。”③ 他们皆是通过将普通话与国语分为两个阵营，从人的群体性上去分析了。“对于普通话的产生场所，论者的认知并不一致：瞿秋白、聂绀弩都强调它是都市里的‘无产阶级’创造的；郑伯奇把它放在‘封建社会’的衰落和‘资本主义’兴起的历史脉络中；魏猛克虽没有直接使用这些术语，但他列出的场所名单，除了‘客栈’‘饭桶’外，都属于绝对的‘现代’场域，其意应与其他几位想通。因此，在历史这一层次上，左翼文化人论述的重点都是‘普通话’与新社会形态的关联，也就是历史中那断裂的一面。比较而言，主张国语统一的人们，更侧重历史的继承性，这只要看他们常把国语和官话并论就可见出。”④ 但这场争论的发起因素已经与前两次争论有本质的区别，不再是专门瞄准北京话的特殊地位而进行的了。这场语言运动因为号召采用大众自己的语言来写作，因此又被某些人称为大众语运动。瞿秋白等人还制定了中文的拉丁字母方案，以此取代注音字母，并在一定的群体中得到使用。1936年以后，由于中国共产党全国抗日统一战线政策的实施，左翼文化运动不再坚持以“普通话”完全代替国语，而是转而主张拉丁化与

---

① 王东杰.“代表全国”：20世纪上半叶的国语标准论争[J].近代史研究，2014（6）：78.

② 瞿秋白.大众文艺的问题[J].瞿秋白文集（文学编第3卷）[M].北京：人民文学出版社，1989：15-16.

③ 鲁迅.门外文谈[J].鲁迅全集（第6卷）[M].北京：人民文学出版社，2005：100.

④ 王东杰.官话、国语、普通话：中国近代标准语的“正名”与政治[J].学术月刊，2014（2）：162.

国语的合流。20世纪30年代开始的这次左翼文化运动所推出的“普通话”代替国语潮流，尽管没有实质性动摇民国小学的国语教育，但在一定程度上对小学国语教育的进行有所影响。

第三节　汉族区域群体文化的影响

去除少数民族地区的语言因素，在整个国语运动的启动与推广阶段，最大的阻力不是学术界里北京话派、会通派等国语派别的纷争，而是来自于各个区域的汉族群体文化的现实阻力。“如果地方形式和方言土语问题和地方政治认同发生直接的联系，那么，对于统一的民族国家的形成而言则是重要的威胁。”[①] 中国是一个地域面积广大、人口数量庞大，并具有区域性群体多样文化结构的国家。从大的范围来看，有三晋文化区域、江淮文化区域、吴文化区域、岭南文化区域、西南文化区域等，再细分至各个大文化区域内的小文化圈，如江淮文化区域内存在的淮扬文化、江海文化、金陵文化更小范围的区域群体文化等。虽然这些区域群体文化在历史变迁中不断交融，但自从明清以来，基本处于内涵相对固定稳定的状态。这些区域群体文化及其区域内汉族方言的存在与使用是一种体表关系。从某种程度上来考察，汉族各地方言并非是凭空存在的无本之木，区域群体文化就是这些方言的根，是其产生、存在与流行的核心内涵。在以人为媒介的基础上，文化靠语言得以传播，尤其是相同内涵的区域群体文化，则是在长期的历史过程中，依靠着具有同样特征的语言体系（即方言）的传播而得以拓展或维持其区域群体文化的存在；方言更是靠着这种同质性的区域群体文化的维系而得以保持。因此，不同的多样化的汉族区域群体文化的存在成为民国国语教育推行的一个重要影响因素。

① 汪晖．现代中国思想的兴起[M]．北京：生活·读书·新知三联书店，2004：1506.

钱穆有过这样的观点，在近代语言的演变讨论中，官民、夷夏、雅俗等各种视角皆被引入讨论过程，这些视角在开拓语言发展论证空间的同时，却使人往往忽视了这些论点中的地域色彩。事实上，在国语大辩论中，无论持北京派与会通派的学者们表现得如何公正、客观、科学，其各派中的地域色彩与立场都是显而易见并充斥于他们的文论中。所谓“官民之分和夷夏之别，各自从民权和民族理论中获得了营养；至于雅俗之辨，则本具区分‘天下性’与‘地域性’的功能”[①]。如虽然国语大辩论中，亦有支持北京派的南方学者，但这些人早已居住、生活于北京而北京化了。这一点我们不用避讳，也无须汗颜。身处各个汉族区域群体文化圈内的学者们为各自方言代言，对于个体而言，本是一种最经济与天经地义的方式。钱玄同说自从明清以来，“南北混一，交通频繁，集五方之人而共处于一堂，彼此谈必各牺牲其方音之不能通用者，而操彼此可以共喻之普通音。”[②]这种局面的出现也仅是为了交流而不得已的权宜之术，待各自回到家乡，自然是方言母语更为便利。之所以到了民国，才有国语概念的讨论，也正因为在明清时，无论是实际要求，还是理论层面，统一全国性的母语需求还未上升至国家语言统一、民族融合等高度。在民国国语教育推行的过程中，除了京音区域，其余的汉族区域群体文化始终是其反向作用的一方，典型者莫非东北、山东等地。东北地区直至1928年底“改易旗帜”，才逐渐开始与中央政府政令统一。而1931年，日军即侵略东北。无论是张学良“改易旗帜”前，还是之后的日据时期，东北地区的地方统治势力都较强大，在语言教育政策上也长期与民国中央政府相左。张作霖、张学良执政东北时，为博取旧派人物支持，其教育政令曾明确反对白话文，反对国语教育，造成小学国语教育在东北地区推行十分艰难。在日据时期，在其小学教育中，更是以日语殖民语言教育为重点，难有国语的

① 钱穆．再论中国文化传统中之士[M]//国史新论．北京：生活·读书·新知三联书店，2001：212.

② 钱玄同．文字音篇[J]．钱玄同文集（第5卷）[M]．北京：中国人民大学出版社，1999：8.

发展空间。在军阀割据时代，山东地区也长期如此。这些状况皆与当地所具有的较为强大的语言保守势力有关，而这些语言保守势力与当地的区域群体文化亦有关联。反观江苏，属于中国近代化文化开拓、进步的领先区域，受其开明的群体文化影响，江苏的国语教育虽也坎坷，但较京音外的其他省份，不可谓不先进，是全国国语运动的中心之一。虽有观点上的差异，但其区域的知识分子群体大多接受或同情国语运动的发展。当孙传芳占领江苏，想动摇国语地位时，也难有收效。可见，民国时期已不需要以文辞取士，以为国语教育可以以一纸政令而通行全国仅是臆想。最终民国政府统治大陆时期，区域群体文化与小学国语教育的博弈也没有停止过。

第四节　政府控制与国语教育

国语教育所具有的国家统一功能是民国政府所看重的，民国政府积极推行国语教育，也在某种程度上是为国家统一而努力。民国时期，除了地方割据之外，由于日本入侵，国家长期得不到统一，以国语教育作为维系国民统一意志、培植国家意识，实现中央政府的有效控制，就显得十分重要而急迫。在这方面，最典型者是台湾地区。

台湾地区在日据时期的奴化语言教育政策下，日常语言已被日语所占据。面对台湾地区日语流行，汉语衰败的状态，为实现语言通用，减少语言障碍，国民政府着重于从国语推行入手，迅速制定和实施了一批针对性的语言政策。“由于和内地隔绝太久，多数台胞已视国语为与自己方言无关的另一种语言，他们学习国语的态度、方法与学习外国语相同，即硬学和死记，而不能如内地各省人凭借自己的方言，比较类推，举一反三。”[①] 这也充分显示出为实现政府的有效控制而积极推行国语教育的

① 准电禁止工商界各项单据使用日文语句一案希电转饬遵办 [J]. 台湾地区政府公报，1948（22）：279.

必要性。“我们必须彻底地将其纠正，不仅要说本地语，而且更重要的要使学生能够说国语写国文。一个中国的国民，如果连祖国的文字语言却不懂，那是很不好的。”① 推行国语教育成为推翻殖民政府影响、实现对台湾地区实际控制的重要途径。以至于台湾地区国语推行委员会副主任何容对外省来台的国语教师们说：“我们来台湾是作战，同日本语文以及日本思想作战。”② 推行国语教育，是实现台湾地区“再中国化”的重要措施。由此考量，光复后的台湾地区的国语教育与内地不一样，是有政府的高度强制力参与其中的。早在台湾地区还未光复前，台湾地区调查委员会拟制定的《台湾地区接管计划纲要草案》就规定台湾地区接管后，要限期逐步实现国语普及计划，在台湾地区各小学内设立国语教育的必修课程，并且要求公教人员必须说国语。陈仪邀请了魏建功、何容、王炬三人至台湾地区负责国语推行。1946年3月，台湾地区行政长官公署教育处发布《台湾地区各县市推行国语实施办法》，规定设立台湾地区国语推行委员会，在省内各地设立分会、推行所、讲习工作站（班）等国语教育推行机构。台湾地区国语推行委员会成立后，由魏建功任总理会务，何容任副主任委员，下设调查研究组、编辑审查组、训练宣传组和总务组等全面负责台湾地区国语教育的研究、设计、调查、编审、训练、视导、宣传等事宜。在实践中，台湾地区的各个县市都在政府行政力的强力推动下行动起来，从公务员队伍到基层社会的普通老百姓都受到了这股潮流的推动。在学校中，由台湾地区行政长官公署直接命令，自1946年8月起，所有的中小学教师在教学时，一律用国语，或台湾地区方言讲授，禁用日语。日常用语也以国语为主，不许以日语进行，如有违背者，“决予严惩”。③ 政府在台湾小学国语教育中的强力介入可见一斑。

① 吴乃光．论台湾当前的教育及语文教授 [M]. 台南一中校刊，1947（1）：2.

② 何容．呼冤 [J]. 论语半月刊，1947-4-16.

③ 事由：电令该校全体师生、县市转饬各级学校禁用日语合亟电仰遵照 [J]. 台湾地区政府公报，1947（60）：947.

尽管由于台湾地区的国语教育比内地更加困难，“我们要比内地同胞，多费一番‘语言复员’的工夫”。[①] 但凭借着政府控制目标下的强力推行，台湾小学国语教育的进步是十分显著的。

第五节　民族融合目标与小学国语教育

从国语的建构出发点而言，国语要成为全国人民的共同母语。国语不但是汉族各地方言区的民众应该学会掌握的语言，也应成为少数民族地区所流行的语言。所以，国语运动的目标不仅是在内地汉族区域推行国语，也要在边疆少数民族区域推行国语，即要通过国语来强化汉族与少数民族的关系，以及通过小学国语教育来团结汉族与少数民族同胞。在少数民族地区小学开展国语教育，除了培养国语语言技能外，还有着促进民族融合的特殊目标。“中国国民素以一盘散沙，始贻笑于外人。推厥由来，未始非言语不通阶之厉也。盖言语不通，则感情不能亲洽，自不能互相联络互相团结。以共谋一事。而地方界限之恶习以生。国语既相统一，则不啻导向之情睽意隔者以相见于一堂。向者之论乡谊，今者之分省界。其恶习不期其除而自除。无论政治界学术界实业界，无不将骤添活气。国民活动之力，可以大增矣。”[②] 换一个角度看，在国语的发展演变及少数民族小学国语教育的推广中，民族融合既是目标，也是其出发点，是一个特殊的因素。

民族融合的立场对国语标准的确定产生着影响。民国政府教育部国语推行委员会曾成立全国方音注音符号修正委员会，由魏建功、黎锦熙、赵元任主事，负责制定全国方音注音符号。他们对全国方言和少数民族语言进行了大量的调查工作，于1943年推出了一个草案，提出：“按照人类语

① 陈英洲．关于推行国语的私见 [J]. 台糖通讯旬刊，1947（10）：26.

② 博山．全国初等小学均宜改用通俗文以统一国语 [J]. 东方杂志，1911（3）：5.

言发音的口舌部和方法音，将提出的音素比照国际音标，制定注音符号，综合原有的国音注音符号，并添制了新的方音注音符号，列成一表，称为《全国方音注音符号总表》。”[①]这些工作不但涉及了汉语方言的因素，更考虑到了少数民族语言与国语的沟通，对于少数民族小学国语教育有一定的帮助。再如1947年，设于齐齐哈尔的内蒙古军政大学就建立了蒙古语文研究室，组成了17名人员的研究队伍，表明了对少数民族语言的重视。事实上，国语标准的制定、推广一直就与宏大的民族融合主题相联系，这是客观存在的语言规律。“其实，汉语在其历史发展中也是一个不断吸纳各民族语言成分的‘大杂烩’，是一个融合了各民族语言借词并且优化了的中国语。”[②]一方面是为了民族融合而尽量对少数民族学习国语提供方便；另一方面则是在少数民族小学国语教育中坚持着民族融合的目标。当然，也有学者反对将行政力量施力于国语教育，以为这种方式对于民族融合的作用并不能深入，仅能产生一时的表面效果。黎锦熙就说道：“有一派头脑简单的人，主张凭借政治的力量，和高度的文化灌输，尽可以强迫通行国语国字（汉文），让各种特殊语文自然减少以致于淘汰消灭。”[③]他认为即使少数民族的一些具有较高文化水平的人士能够接受这种方式，掌握国语，并运用国语与其他民族交流。但在文化水平普遍较低的少数民族群体中，“并不能够发挥语言文字在一切设施尚应当呈现的效用”[④]。尽管存在着有些少数民族幼儿在母语技能上的暂时性欠缺，“单从语言学角度讲，也许是人所最先习得的语言就是母语，而从大社会当中的各民族现实角度去理解，人所最先习得的语言并不一定是他的母语”[⑤]。但只要有机会在其所

① 方言调查研究所工作计划 [A]. 教育部档，档案号5 — 12288，二档馆藏；全国方音注音符号总表（草案）[A]. 教育部档，档案号：5 — 12300，二档馆藏；方言调查研究所工作计划 [A]. 教育部档，档案号5 — 12288，二档馆藏 .

② 赵杰 . 论西部开发与西藏新疆诸民族的语言文化教育 [J]. 宁夏社会科学，2007（1）：123.

③ 黎锦熙 . 国语边语对照“四行课本”建议 [J]. 文艺与生活，1947，4（2）：2.

④ 黎锦熙 . 国语边语对照“四行课本”建议 [J]. 文艺与生活，1947，4（2）：2.

⑤ 额・乌力更 . 也谈母语和民族语言 [J]. 黑龙江民族丛刊，2000（3）：117.

属的族群中生活一段时间，就很快能锻炼出其母语技能。原因只在于各民族的母语所具有的强大的生命力与适应性。只要这个民族保持有生存与发展的状态，其母语不断在运用，永远在进步，并不容易被统一的与本民族语言体系相距较远的国语所替代。这些就是边疆少数民族地区小学推行国语教育及国语教育在少数民族社会中推行困难的原因所在。

第十章　民国小学母语（国语）教学实际效果的评价

“语文教育本质上就是一种文化传递过程，一种文化的生成和创造过程。”①民国小学国语教育实施前，无论是全国语言通达方面，还是全国小学语言教育方面，都很难有统一共同的语言教育亮点。在少数民族地区，汉族与少数民族语言隔阂的情况十分严重。而在一些将宗教教育作为启蒙教育主要方式与内涵的少数民族地区，民族与民族之间语言的障碍更加严重。这是民国小学国语教学实施前的现实。

第一节　汉族区域小学母语教育情况评价

对于民国小学国语教学的效果评估，从整体上来看是呈一个上升的态势的。民国初年，这方面的评估效果很难令人满意。1914年时，李启元曾评价当时的小学国文教学不但费力费时，而且效果不佳。“取近来小学毕业之国文成绩观察之，几至一年不如一年。”②黎锦熙评述这个时期潮流虽然轰烈，但还未影响到乡村。“在民国五年文学革命潮流澎湃……这个潮流虽则很大，但在乡村的小学校，多半是依照部章办理，报纸杂志上的文

① 曹明海，陈秀春．语言教育文化学[M]. 济南：山东教育出版社，2005：18.

② 李启元．论小学国语教授宜特别注意[J]. 京师教育报，1914（4）：1–2.

学革命，还没有知道。”[①] 乃至到了1920年，这种情况还是很明显。“在民国九年一月以前，只有江苏几个特别的小学校教语体文，以外的，把语体文都认为奇怪的东西，乡村的小学，连听都没有听到。”[②]

对于小学国语教育的推行理想，民国学者们也做有一些想象，如1919年，在《国语统一筹备会议案》中，有人推想“二十年以后，国音普及全国，穷乡僻壤种田的男子，养蚕的女人，因为附近的小学校里用国音教授国语，以他们也能讲国语、读国音，到那时候，就是他们看的浅俗书报，也可以国语国音编撰，无须更用方言方音了”[③]。这份推想不但描绘了小学国语教育对全体国民国语普及的贡献，还提到了国语推广普及后，各地方言的存续情况，字里行间满是自信之情。“但国语国音，可以用人力强迫早日普及，而国语国音普及以后，方言方音无即日灭亡之理，并也不能用人力强迫他定期灭亡。”[④] 黎巾卉说自1918年起，不是官话区域的东南各省中，很多热心国语的人士都在努力，安庆、芜湖、南京、上海、宝山、南通、杭州、松江、宁波、镇海、福州、厦门、广州、琼州等地皆是如此。“并且《小学用国语读本》的销行，差不多东南各省占有全国二分之一，所以我敢说，国语在东南各省的宣传，比官话区域要上紧些，成绩也多些，当真的，并非谬奖！”[⑤]

但也有人对于国语教育的未来并不那么乐观，1920年，有人评价：“这件事，靠着教育部慢慢儿做去，不知何年何月方才普及，全靠各省高级的行政机关和公共团体，大家筹办，才有些希望呀。”[⑥] 范祥善就对国语教育推行的难度有清楚的认识。他说：“不过从前有句话‘言之匪艰，行之维艰’。现在学校里的教师，正是犯了这个毛病。你想教授国语一句话，说

① 黎锦熙．国语教育底三步 [J]. 国语月刊，1922（6）：1.

② 黎锦熙．国语教育底三步 [J]. 国语月刊，1922（6）：1.

③ 国语统一筹备会议案三件 [J]. 北京大学月刊，1919（4）：142.

④ 国语统一筹备会议案三件 [J]. 北京大学月刊，1919（4）：142.

⑤ 黎巾卉．国语在东南各省的发展 [J]. 晨报五周年纪念增刊，1923-12-01：23.

⑥ 我一．提倡国语的难关怎样过渡呢？ [J]. 教育杂志，1920（4）：8.

来很便，试问如何实行呢？据我所知道的：著名的各学校，正在那里研究教授顺序、教授案……等种种细功夫，次一些，虽也是在摇旗擂鼓，闹得惊天动地，待到角色出场，怕要被看客喝倒彩呢？再次一些，就是形式上用了一本国语教科书，实际上依旧是挨腔挨板的朗读，这真所谓‘换汤不换药’的依据俗话了。然而这种学校，倒占一个大多数，至于顽固派的反对国语，我也不屑和他辩论了。”[①] 即使对强力坚持国语教育推广的这些学者而言，类似的感觉也常萦绕他们的心头。在现实中，他们既自慰于“现在教育界上对于国语教育，可算尽了一些人事”[②]。同时又深刻感受到民国初年社会对于国语教育的排斥，以致于“学校为了教授国语，竟被家庭反对，社会唾弃”[③]。实际上，他们自己也常常陷入使用国语的纠结中。“自己做的这些文章，都还脱不了绅士的架子，总觉得‘之乎者也’不能不用，而‘的么哪呢’究竟不是我们用的，而是他们——高小以下的学生们和粗识文字的平民用的，充其量也不过是我们对他们于必要时用的，而不是我们自己用的。”[④] 有人还建议在推广国语教育的同时，不能减少方言方音的演讲、方言方音的书报。虽然这些建议有其理由，但也可见社会上一些势力对于国语推广的障碍。“我国自教育部国语统一筹备委员会议，决议以北平语为标准语以来，各小学并不注意实行，仍以方言教育。”[⑤] 直至1935年，民国政府一项统计表明，全国识字的人不超过20%。“这就是说中国有百分之八十以上的民众们还不认识方块的汉字呢。”[⑥] 而在国语普及上，“各地极大多数的人还是用着各地的方言”[⑦]。有人曾讲过这样一个故事：“相传有一个乡下孩子，到北京去学买卖。整学了三年，才功行圆满，

---

① 范祥善 . 怎样教授国语 [J]. 教育杂志，1920（4）：1.

② 云六 . 国语教育的过去与将来 [J]. 教育杂志，1921（6）：9.

③ 云六 . 国语教育的过去与将来 [J]. 教育杂志，1921（6）：10.

④ 黎锦熙 . 国语运动史纲 [M]. 北京：北京商务印书馆，2001：134.

⑤ 教部厉行国语教育 [J]. 时事月报，1930（2）：202.

⑥ 途友 . 拉丁化与方言统一 [J]. 大同月刊，1935（3）：8.

⑦ 途友 . 拉丁化与方言统一 [J]. 大同月刊，1935（3）：9.

回家省亲。他一进家门，首先看见自己的父亲。他急忙走向前，施了一礼，说一声‘爸爸您好！’谁知‘您好’二字，尚未脱口，‘啪！’的一下，他父亲给了他个大嘴巴，他正在莫名其妙，就听得他父亲说：‘你居然叫我‘爸爸’！好小子！跟你‘爹’都撇起京腔来了！’他这才恍然大悟，原来是‘爸爸’得罪了‘爹’。他赶紧谢过，说：‘你老人家不必生气。我在北京待了三年之久，叫‘爸爸’，叫惯了。’他父亲一听，更是‘怒不可遏’，高声叫骂：‘你在北京都是管谁叫‘爸爸’，叫惯了？’”①由这个故事，作者引申出：“在北平一带，原来管自己父母叫‘爸爸妈妈’的，教科书上没有再三使儿童复习的必要，因为他们早已叫成了习惯。可是在与北平称呼不同的地带，教科书上也没有使儿童再三复习的理由，因为，这类亲属称呼，没有使儿童养成习惯的必要。”②一些人以为，国语普及并不是方言的结束，所谓“目的并不是在反对国语统一，而是在说明用一种方言来削平群雄于一尊，以使溥天之下莫非王土的这种方法是行不通的”③。这也是一种观点。

到了小学国语教学的实质性推广阶段，尤其是教育部通令全国各小学校改国文为语体文后，全国各地小学校终于都要开始学习国语了。黎锦熙说：“好了，照章办事的乡村小学校，现在也知道了，也要改国文为语体文了。所以我从前说这道命令，实在是中国历史一大改革。”④

这段时期，民国教育界除了积极推行国语教学外，也对教学效果开展了一些评价工作。如1929年1月7日，民国教育部下发指令给予了客观评价：“前国语统一筹备会前后办理国语讲习所四次，也并传授注音字母。十年以后，中小学校大都能利用注音字母作语音字音的标准，不可谓非此等传习之功。”有人说，推行国语“学校方面，不过阅读基本国语教

① 老向．论小学国语中的爸爸妈妈 [J]. 众志月刊，1934（2）：73.

② 老向．论小学国语中的爸爸妈妈 [J]. 众志月刊，1934（2）：74.

③ 陈丹企．国语与方言 [J]. 中国语文（上海），1941（3–4）：166.

④ 黎锦熙．国语教育底三步 [J]. 国语月刊，1922（6）：1.

科书，模仿几句四不像的蓝青官话，一般先生们、学生们，已觉得心满意足了"[①]。这是对国语教育推行不力学校的评价。各地也有一些相关的具体汇报。如上海崇明朱有成报告说崇明本地人将国民学校国音练习视为外国书，"他们对于外国有一种天然憎恶心，所以他们看了外国书似的书，极端的不赞成"，而"国语的语调和语音，大都根据北京话，语调不同，还没有多大的关系，语音不同，是个极大的难题……这是乡人脑筋中最反对的"[②]。欧阳润说湖南隆中在国语推行方面遭受到民间的巨大阻力。"而对于国语一样，不惟不甚发展，且或加以诽谤哪！我们当表白意见的时候，若去掉方言，他们必笑我们是'敲竹脑壳'。"[③]综合来看，很多地区"小学校虽然改了国语，文字障碍仍旧很厚，所以耳朵和口大有进步，眼睛和手依然如故"[④]。在很多少数民族聚居区，这样的情况更加普遍。"其能应用现代学校教育方式传授民族语言者，只有新疆之突厥系各族，其历史亦不过十年，教材缺乏，字母使用及拼音标准尚多，不能一致。"[⑤]

一些观察从宏观上指出小学国语教育还需要时间的积淀以及强力的监督制度，才能有实效。"国语教育，亦一重大问题，近来各县小学，各师范，各中等学校，改授国语科者，类多有名无实，设非省有专员，随时视察，周历指导，分别奖惩，恐十年二十年，国语空气，不得浓密。"[⑥]有人说民国虽然有种种小学国语教育推行的措施，但在实施上并不如人意。叶霖说："除却城市小学以外，在一个县份是很少有实施的，至于谈到乡村小学中的语言统一训练，那更是不足道了。"[⑦]

在很多较为闭塞的地区，即使学生在小学中学习了国语，回到家中

① 云六．推行国语教育的我见 [J]. 教育杂志，1922（2）：1.

② 朱有成．乡村地方推行国语的难处和救济的方法 [J]. 国语月刊，1922（8）：4.

③ 欧阳润．湖南宝庆隆中团的国语状况 [J]. 国语月刊，1922（8）：2.

④ 国语统一筹备会第四次大会议案全文 [J]. 国语月刊，1922（9）：10.

⑤ 芮逸夫．中国边疆民族之语言文字及其传授方法 [J]. 中国边疆，1948（11）：3.

⑥ 国语统一筹备会第四次大会议案全文 [J]. 国语月刊，1922（9）：15.

⑦ 叶霖．国语教学上的语言统一训练问题的研讨 [J]. 安徽教育辅导旬刊，1936（28）：25.

后，他们所学习的国音也并无使用之地，“家人谈话，不肯用国语。也是习惯成自然的缘故”①。家长们往往以为国音难懂，而依旧逼迫孩子讲习方言。“做父母的不肯改，要做子弟的先改，一家的人不全改，要一部分人先改，就是难事。”②从学生自身来说，“从小讲惯的土语，不容易改口。我国地方大，一地方有一地方的土语。同在一个地方，还有特别的名词、特别的语法，要叫他一概牺牲，谈何容易”③。在这样的语言环境下，学生的国语学习效果很难得到巩固。“今使一出校门，而出入耳者，仍尽是娓娓之乡谈，则每周数小时之教课，果能奏若干之效果也？”④赵廷为就坦承道：“倘然儿童在校内和校外的实际生活中仍然应用土语而不应用国语，那末，儿童虽读熟了一百部汉字注音的教科书，也是不中用的。”⑤所以，也有时人评价，要完成中国的语言统一绝不是一个短期的工作。“这工作至少也得经过三个世纪以上的时期才能收效。而且，照这样，这一件统一工作还是发展得很不自然。”⑥如果没有其他条件，尤其是交通条件的配合，这样的工作会更加艰难。“我们如果要使语言统一其最重要一点倒还是先沟通各地的交通，组织交通网，利用这一个媒介体，而是各种不同的语言由经常接触而自然地统一起来，以这样的方式来达到其目的，比要一个素来没有听过见过国语的无知民众，硬紧记牢一个字的发音比较迅速而合适吧？何况中国土地面积这般广袤。不使各地在关系互相多生接触，而先要是连隔两地的地方讲一种相同的话是合乎逻辑的吗？”⑦

但也有一些评价具有现实与指导意义。如1922年，北京国语总会就对全市的小学国音字母的教学效果进行了测试，结果如下表⑧。

① 我一．提倡国语的难关怎样过渡呢？[J]．教育杂志，1920（4）：1.

② 我一．提倡国语的难关怎样过渡呢？[J]．教育杂志，1920（4）：1–2.

③ 我一．提倡国语的难关怎样过渡呢？[J]．教育杂志，1920（4）：1.

④ 罗重民．国民之统一与国语之统一[J]．学艺，1917（2）：3–4.

⑤ 赵廷为．小学国语教学问题[J]．国立中央大学教育丛刊，1934（2）：9.

⑥ 希行．也来谈谈关于方言剧[J]．中国语文（上海），1941（3–4）：162.

⑦ 希行．也来谈谈关于方言剧[J]．中国语文（上海），1941（3–4）：162.

⑧ 国语界消息[J]．国语月刊，1922（11）：1.

学校	得奖人数	嘉奖人数	学校	得奖人数	嘉奖人数
公立第十九小学	18	0	女高师附属小学	22	2
公立第八小学	4	0	第二女子小学	19	0
公立第三十四小学	12	0	公立第十小学	58	6
第一女子小学	12	0	公立第三十五小学	12	0
高师附属小学	109	2	公立第四小学	104	15
公立第二十三小学	30	0	公立第十三小学	51	8
公立第二十四高小	17	0	公立第十五小学	30	0
公立第二十六高小	8	0	公立第二十二小学	51	4
公立第三十一高小	3	0	公立第二十七小学	30	0
公立第四十高小	3	0	平民补习学校	16	1
普励小学	14	0	师范一部分	19	6
第二十四国民学校	9	0	公立第十八小学	48	2
公立第一两等学校	3	0	第一国民学校	8	0
公立第三小学	3	0	公立第十一小学	68	2
公立第五小学	7	0	公立第十二小学	7	0
公立第六小学	6	0	公立第十七小学	80	6
公立第二十五小学	9	0	公立第三十六小学	7	0
公立第三十八小学	9	0	第三女子小学	2	0
东郊第一小学	17	1	平民第三小学	18	0
平民第一小学	7	1	共计	949	56

从上表可见，尽管同是北京市的学校，其在小学国语教学方面的效果差异还是很大的，并不均衡。再如吴县地区各高等小学中，每个星期用于国语会话教育的时间仅有一两个小时，“其余仍旧是‘之乎者也’的闹个不清”①。这个情况普遍存在于全国的小学中。王家鳌称：“据我的朋友说，方才知道不单是我们吴县高等小学是这样的，各处差不多都是这

① 王家鳌．高等小学的国文应该快改国语 [J]. 国语月刊，1922（3）：9.

样。”[①] 范祥善就评判各地小学在进行国语教育时，很难达到教育部的基本要求，“就是毕业最低限度内所定的初级小学识普通的文字二千个左右，高级小学识字累计三千五百个左右，也是一种虚构之谈，并没有经过甚么调查统计的工夫，严格说来，那里可以信得过。”[②] 何仲英说：“有个人说的好：‘为什么一个人进学校，在上海要学苏白，在北京要学京腔。’”[③]

师资问题是很多学者所关注到的因素，他们认为小学国语教学推行不力的一个重要因素就是缺乏合格的国语教师。赵廷为直述：“与其努力于汉字注音的运动，还不如先努力来解决更根本的师资问题。”[④] 而师资是否合格，对于国语注音的教学效果又有极大的影响。没有合格的小学国语教师，不可能娴熟地教授汉字注音的教科书，其教学效果难以保障。“我敢说有些乡村小学教师还不懂得注音符号的，叫他在国语教学上，怎样去从事训练呢？”[⑤] “然而可惜的是：领导这个运动的人们没有注重语言同化的自然规律，不知道从各地方言的交互影响，因势利导，而只是机械片面地推行法定的国语。即那已经失去全国中心都市地位的北平的方言。于是注音符号除了在小学教科书的生字旁和国音字典上注国音以外，便没有别的用处了……就小学的国语正音教育来说，因为缺乏说北平话的师资，也就大半不能实施。”[⑥]

注音教学与实际国语教学效果也紧密相关。小学国语教育中常使用每字注音的方式，以简化、熟练学生学习的过程，促进学生的学习。在课堂教学中，这种做法有其利处，但亦存在不利之处，“今后我们在社会生活中阅读的材料，决不会是每字注音的。如是儿童在社会生活中必须要阅读的各种材料，仍是不注音的，但其在学校中所用的教科书，却已经是每字

① 王家鳌 . 高等小学的国文应该快改国语 [J]. 国语月刊，1922（3）：9.

② 范祥善 . 小学国语教学法的将来 [J]. 新教育，1925（3）：458.

③ 何仲英 . 提倡国语与研究方言 [J]. 约翰声，1923（2）：62.

④ 赵廷为 . 小学国语教学问题 [J]. 国立中央大学教育丛刊，1934（2）：9-10.

⑤ 叶霖 . 国语教学上的语言统一训练问题的研讨 [J]. 安徽教育辅导旬刊，1936（28）：25.

⑥ 伯韩 . 方言的使用和研究 [J]. 文化杂志，1942（3）：10.

注音的了。儿童在学校里所获得的训练，与社会上所需的阅读活动，根本不同。这乃是背反教学原则的一件事"[①]。由于在课堂教学时每个字都注音，导致给予学生的帮助太多，让他们产生了依赖。在小学国语教学中，因为教者难以达到统一的标准国音教授，学生也得不到标准国音的受教。"因此之故，一般短期小学，有对于注音绝对未教者，而教过而不能应用者，有能应用而实际反生困难者。"[②] 尤其是在与国音标准差异较大的南方方言区内，这种情况更加明显。"但在非国音区内不容易利用他来统一国语，本有国语普及的作用，但在非国音区内反而增加许多困难，不能为普及教育提供帮助。"[③]恰如黄德安所说："现在各地短期小学对于注音教学，有的拘守课本上的注音，厉行国音平调，有的变更课本的注音，仍用方音乡调。有的对于国音与方音，平调与乡调，踌躇不定，无所适从。有的根本上不知道注音，或不注意注音，对于注音符号，视同赘疣，不加理会。"[④]

以上这些情况也为民国小学国语教学评估带来了动力。很多学校还自发组织参与与国语教学有关的比赛。1921年，山车辋坂小学就每周都组织小型的演讲会、辩论会，"起先的时候，大家觉得很不高兴，后来也惯常了"[⑤]。1922年1月11日晚上7点，在上海的宁波同乡会会馆里，上海很多学校联合组织了国语运动学艺大会。加入表演的，有坤范女中学、民生女学、国民公学、北区公学、万竹女校、国语专修学校、奉贤女校、开智小学、紫金小学、养正小学、养性小学、飞虹小学等众多学校。[⑥] 演讲是最能直接反映学生国语综合素质的项目，所以演讲比赛在很多学校都有开展。1931年，集美男小学为了鼓励学生练习口才及国语，举办了国语演讲比赛，由高年级每班出3名选手参加。比赛开始前30分钟，才由校长亲

① 赵廷为．小学国语教学问题 [J]. 国立中央大学教育丛刊，1934（2）：10.

② 黄德安．短期义教如何注意国语的统一与普及 [J]. 湖南义教，1936（38）：293.

③ 黄德安．短期义教如何注意国语的统一与普及 [J]. 湖南义教，1936（38）：293.

④ 黄德安．短期义教如何注意国语的统一与普及 [J]. 湖南义教，1936（38）：293-294.

⑤ 王家鳌．试行国语教学后的大略报告 [J]. 教育杂志，1921（8）：11.

⑥ 国语界消息略志 [J]. 国语月刊，1922（1）：1.

自揭示演讲题目为“集小学生应否学习英语”。“各演员接到题目后，均聚精会神，预抒发表意见。届时即相继登台发挥，态度声音，俱颇自然清晰。”[①]其时，各地小学国语教育的比赛活动此起彼伏，精彩不断，也引来全国性的相关活动。1934年9月，教育部就向全国各地的教育厅颁布了《全国小学国语文竞赛会办法》，在全国范围内组织国语文竞赛活动。其宗旨是“竞赛国语文，促进国语普及”，其参与者“以全国公私立小学校学生为限”[②]，这些活动的组织与开展在一定程度上有助于小学国语教学的发展。

1947年，有人曾对台湾地区国语教育运动的效果进行评价，说有了长足的进步，而其中进步最快的就是小学生。“台湾地区的国语运动，自光复以来，总算有了长足的进步。说得最好的是小学生，其次是中学生，再次恐怕就要算商人了。”[③]也时有人谈到台湾地区国语教育运动的效果。“二年前我们刚到台湾之时，正如走到一个外国，他们的话我们是没有一句听得懂的；可是假使你们现在再到台湾去，在台北或基隆上岸，你们一定可以听到比闽南语更容易懂的一种语言，在客客气气地招呼着你们。这是语言教育运动的成绩，现在台湾语运动可说已经成功了。”[④]这些都肯定了国语教育的价值。

第二节　少数民族地区小学母语教育情况评价

一、区域性差异

在小学国语教育推行的部令下，少数民族地区小学国语教育亦有一定的进步。根据20世纪30年代的统计，民国教育部在1935至1938年短短四

① 男小学校消息甲组国语演讲比赛 [J]. 集美周刊，1931（274）：11.

② 全国小学国语文竞赛会办法 [J]. 河北教育公报，1934（27–29）：19.

③ 味橄 . 台湾的国语运动 [J]. 台湾文化，1947（7）：6.

④ 何容、朱宝儒 . 语言教育的重要在台湾：日本人是怎样统治台湾的 [J]. 国民教育辅导月刊（上海），1948（6）：7.

年间，设立了2375所边疆小学，具体分布为：甘肃省（55所），青海省（143所），宁夏省（14所），西康省（5所），云南省（35所），贵州省（12所），四川省（15所），湖南省（100所），新疆省（1412所），绥远省（29所），察哈尔省（13所），广西省（541所），西藏（1所）。其中，新疆建设得最多，占了一半以上，而西藏则仅有一所，可见边疆小学在建设数量上存在着区域差异。在这些边疆小学中，基本都设有少数民族语言课程与国语课程，承担着小学国语教育的任务。

在少数民族小学国语教育推广评价上，区域性差异非常明显。如1938年设立的国立拉萨小学，有藏文班、回文（阿拉伯文）班、国（汉）藏文班，设有藏文、国语、算术、历史、地理、公民、常识、音乐、图画、体育、习字和阿拉伯文等课程。该校初期仅有不足百人的学生规模，除了少数藏族学生外，大部分是维吾尔族、汉族及外商、尼泊尔官员的子弟。该校于1949年停办，但全部高小毕业生仅有12人。[①] 从小学国语教育的推广效果上看，这所学校几乎没有建树。在新疆地区，则有相对更多努力。在教育部令的要求下，凡是有办学条件的县城学校都在努力贯彻相关命令，疏勒、莎车、泽普、麦盖提、巴楚、伽师、阿图什等少数民族聚居地区先后建立起了学校。1932年，新疆的各个县仅有1.2所小学，短短4年后，仅莎车这一区域，学校数目即达199所，学生22000多人。这些学校基本都有汉语课程。如柯坪县学校内设有国文（汉语）、修身、算术、维吾尔文等课程。塔尔迪吐然学校（后改为伊犁区立巩乃斯学校）开设了哈萨克文、汉语等课程。1934年起，维吾尔、哈萨克等族民族文化促进会陆续建立并创办了不少小学，在这些会立小学中，基本上都有汉语课程。1937年仅哈萨克文化会即创办了学校275所，学生规模达到14322人，开设有语文课程，小学高年级则有汉语课程。至1940年，新疆公立与会立小学中的少数民族学生已经达到210019名，含维吾尔族学生162378名，哈萨克

① 多杰才旦．西藏的教育[M]. 北京：中国藏学出版社，1991：57–59.

族、柯尔克族学生34412名，回族学生4723名，蒙古族学生1868名，塔塔尔族学生1151名，乌孜别克族学生721名，俄罗斯族学生2458名，满族学生182名，塔吉克族学生46名。[①] 许景灏在《新疆志略》中称1942年，新疆仅会立学校即达1883所，学生180035人。少数民族地区小学的开办数量也对小学国语教育的推广有直接影响。如1936年，经过努力，云南省省立小学34所，虽然这些小学的国语教育还存在着课本选择的困惑，但是其规模及效果已有客观呈现。1938年，宁夏全省已有小学200余所。[②] 同年，青海全省也有"回民小学十五所，学生有二千人左右，初级小学七十六所，学生有四千人左右"[③]。这些少数民族聚居区域的小学数量与密度虽然不能与内地或汉族地区相比，但纵向比较，进步十分明显。

二、有利于少数民族小学国语教育开展的原因

首先是这些地区普遍实行了有利于小学国语教育推广的教育政策。

早在清末，新疆地区就在一定程度上推广着汉语教育。到了民国时期，在杨增新执政新疆时，他虽然认同"强迫维吾尔族儿童直接接受汉语授课，给开发维吾尔族儿童早期的智慧带来了一定的损失"，但他以为"此举已经进退维谷，与其功亏一篑，不如逆流而上，继续推行汉语学习"。"这种努力最后所造就出来的是一批活跃在20世纪二三十年代新疆政界和文化界的出类拔萃的人物，其中的一些人全然是阴错阳差代人入学，而后来进入较高的社会层次。"[④] 民国中央政府还在宁夏、贵州、西康、西藏等地设立了实验中心学校，重点进行语言教育。"以迎合其特殊环境与实际需要"，"其语言文字教学方法，均与内地小学不同。"[⑤]1946年，新

① 李儒忠，曹春梅．新疆少数民族"双语"教育前年大事年表（之一）[J]. 新疆教育学院学报，2009（2）：9.

② 贾继英．如何改进战时西北的回民教育 [J]. 边疆半月刊，1938（10–12）：1.

③ 贾继英．如何改进战时西北的回民教育 [J]. 边疆半月刊，1938（10–12）：1.

④ 王泽民．试论民国时期的新语文政策 [J]. 新疆地方志，2007（2）：54.

⑤ 教育部边疆教育现状 [J]. 边疆服务，1943（5）：22.

疆伊犁根据《和平条款》，实行了维文与汉文并行的行文政策。1949年7月，新疆省政府再次发文，通令各单位公文国文通用。[①]这些政策都为新疆地区汉语教育的开展提供了支持。

之所以不同的少数民族聚居区在汉语教育的成果上存在着如此巨大的差异，如新疆与西藏地区，除了各少数民族聚居区语言学习环境、习惯之外，双语师资的培养是其中一个重要的原因。

1935年，新疆省立师范开设了维吾尔族师范班，年制3年。1939年又开始开设哈萨克族3年制师范班。新疆学院以语文系国语专修科（两年制）招生，培养维吾尔族、哈萨克族学生学习汉语，这些毕业生大都作为双语师资而进入各级学校，充实了当地的双语师资队伍。

外国传教士在我国边疆少数民族地区进行的宗教传道教育虽然不乏文化侵略的性质，但在客观上也加深了这些地区少数民族接受国语教育的基础。他们所创办的宗教学校，提供小学教育阶段的语言教育，对于少数民族学生接受汉语教育有很大的帮助。如在西南地区，无论是云南的澜沧、车里，还是汉越铁路沿线，都有英法传教士所创办的学校。这些机构在语言教育上的效能同样不能为我们所忽视。

三、不利于少数民族小学国语教育开展的原因

少数民族聚居地区的教育基础较内地薄弱，单薄的基础教育事业无论在体量上，还是质量上，都难以满足小学国语教育推广的重任。如西北的甘肃、宁夏、青海等省份，是回族较多区域，“而回民教育，至今仍较内地各省落后。各县中初级小学不易多觏，中学校更寥落晨星”[②]。在一些地区，因为政府其他支出项目的经费紧张，也经常挪用小学教育经费，方东澄说：“就像某省本来由中央拨出一笔转款办理藏回各族小学教育，而教

① 李儒忠，曹春梅.新疆少数民族“双语”教育前年大事年表（之一）[J].新疆教育学院学报，2009（2）：10.

② 贾继英.如何改进战时西北的回民教育[J].边疆半月刊，1938（10–12）：1.

厅竟移作某学院的教育经费。”① 也是不利于少数民族小学国语教育开展的原因之一。

一些少数民族聚居区流行着漠视教育的风气，尤其是不愿意接受汉族所主导的教育模式。

曾在西北藏区从事教育工作多年的俞湘文就明显感受到当地藏民在为子女选择教育内容时，对于汉族文字教育普遍有受压迫的感觉。“其最大理由是在于心理方面，以为一个民族既有他们固有的文字，若要强迫他们研究另外一族的文字，会使他们意识到在受另外一族的压迫而反感。”② 他举例说1943年初，当地的康根小学成立时，就受到了当地藏民的反对。“民众反对设立学校的原因有三：第一、该区社会里的小孩子，到入学年龄时就已成为家庭中的生产力的一分子，抽去一名当学生，犹如抽去了一份劳动力。第二、该地文化落后，生活简单，大部分感觉不到教育的需要。第三、民众以为学习另一民族的文字似乎丧失了其民族的自尊心。”③ 可见，除了对于汉语教育的排斥，这些民众由于生活环境、家庭情况以及教育回报期待等原因，也对子女教育本身缺少兴趣和动力。所以一些少数民族地区出现了强征少数民族学生来学习，而非他们自愿求学的情况。“学生多数是接近夷区的汉人，而非夷族子弟。夷族子弟来入学的，都以强制手段征来的。”④ 一些地区甚至以官位与俸禄相引诱，乃至采取强迫摊派的手段，吸引少数民族子弟入学，但自愿入学者依旧寥寥。

少数民族聚居区的一些所谓的“教育”，其实质却是宗教教育，与世俗教育有很大区别。

在新疆、西藏地区，这种教育模式很常见。如在新疆地区，很多家庭在其孩子实行割礼以后，就送到宗教场所进行学习。但这些场所进行的教

---

① 方东澄 . 边疆教育问题概论 [J]. 边疆半月刊，1937（2）：12.

② 俞湘文 . 西北游牧藏区之社会调查 [M]. 上海：商务印书馆，1947：91–93.

③ 俞湘文 . 西北游牧藏区之社会调查 [M]. 上海：商务印书馆，1947：91–93.

④ 王一影 . 泛论边疆夷族青年的教育训练 [J]. 边政公论，1941（3–4）：97.

育完全是为培养孩子的宗教信仰而服务的。这些宗教场所学习内容主要是背诵一些阿拉伯语的宗教经典，方法十分机械，很多孩子经过几年学习，即使能够背诵的很熟练，也不明白阿拉伯语的字母拼音、意义等。而在西藏地区，实际上缺乏宗教内容以外的藏文书籍，如果要将藏文教育作为普及教育的途径，其成本是浩大的，因为需要将宗教外的新知识的书籍翻译为藏文。“这不但工程浩大，且这种翻译工作的人才并不易搜求，困难太多。况且藏族俗人几全是文盲，即使翻成许多藏文书籍，对于他们仍是无济于事，还是要从基本的识字阶段开始，所以要用边民自己的文字来推广教育，并不是短时间可能实现的事情。”[①] 而藏文也大多只有宗教界人士能够掌握，平民中掌握藏文的并不多。

即使一些少数民族小学生接受了学校教育，学习了汉语，但在一些少数民族聚居区语言氛围条件的限制下，同样很难在生活中使用汉语。尤其是一些少数民族语言使用正常，有较大影响力的少数民族聚居区域中，汉语的使用空间十分狭小。王一影就评价道：“除土司阶级外，民间很少有能说汉语的。各地的边民学校，用国语或土语教授汉字，在整个国家教育方针来说，固然不错，但实际上，来入学的夷族学生不易听懂，汉字亦使夷族子弟感觉到记忆非常困难，就是夷族青年子弟，在学校中记得几个汉字，学会几句汉话，回到家中，无处应用，顷刻便忘。”[②] 长此以往，这些学生觉得学习汉语没有用处，也对学习汉语产生了抗拒的情绪。“所以夷族青年视读书为畏途，先生学生之间更以语言隔阂，不能互通情感，教学上难有功效。”[③] 汉语没有成为当地少数民族必不可少的交际工具，自然失去了对少数民族子弟的吸引力。1944年，新疆警务处曾经做过一个调查，称新疆人口排前三的少数民族分别为维吾尔族、蒙古族、哈萨克族，共有人口400万左右，其中绝大部分使用本民族语言。使用汉语的主要是汉

① 俞湘文 . 西北游牧藏区之社会调查 [M]. 上海：商务印书馆，1947：92–93.

② 王一影 . 泛论边疆夷族青年的教育训练 [J]. 边政公论，1941（3–4）：97–98.

③ 王一影 . 泛论边疆夷族青年的教育训练 [J]. 边政公论，1941（3–4）：97.

族、回族、满族等，其总人口不过33万，仅占全疆总人口的7%。从民族分布情况来看，汉语的使用范围也是有限的。“汉族主要分布在北疆地区，1944年，据新疆省警务处的统计资料，人口222401人，北疆地区的汉族人口的比重为65.0%。1949年，新疆汉族人口为29.10万人。以迪化、奇台、绥来（今玛纳斯）三县市人数较多。”①可见，当时汉语不是该地区主要使用语言，这限制了小学国语教育在当地的推广。

在小学国语教育实施的同时，对于国语标准的争论依然在持续，这些争论也影响到了小学国语教育的进行。“由方言的分化到民族共同语的形成，这是一个复杂的过程，这里伴随着古老民族的不断融合与混合，同时政治与经济的集中，使语言形成一种向心的运动，同离心的运动（方言不断分化）作斗争，经过漫长的历史时期才会形成与稳定下来。”②方言区的一些小学教师对方言怀有感情，在教学过程中，自觉不自觉地使用方言的情况十分普遍。“在提倡统一国语的声浪之下，每一个学生不得不对于每一个汉字，兼学一个土音和一个国音。”③有人说：“文字在方言变成普通话的过程中不是不曾起作用，但主要的不是那种国音字典和注了国音的小学教本，而是用北方口头话写的小说、剧本和杂志文等。”④“在中国这一小学阶段，连本国文字还没有弄得清楚，这样进步自然是慢的。”⑤更加复杂的是，民国小学国语教育的推行，还引起了民众语言心理上的变化。“受不同方言习惯的影响，推行国语亦引起民众方言观念上的文化冲突，这一集体群像充分体现了中国现代文化转型过程中复杂的社会面相。”⑥

---

① 娜拉．清末民国时期新疆民族人口与分布格局 [J]. 黑龙江民族丛刊，2006（3）：89.

② 周双利．马克思、恩格斯论民族与民族语的形成 [J]. 内蒙古民族大学学报（社会科学版）：1983（1）：40.

③ 赵廷为．小学国语教学问题 [J]. 国立中央大学教育丛刊，1934（2）：6.

④ 伯韩．方言的使用和研究 [J]. 文化杂志，1942（3）：10.

⑤ 穗子．方言统一的楔子 [J]. 文艺（南京），1943（1）：25.

⑥ 贾猛，崔明海．认同与困惑：近代白话文推行的社会反应 [J]. 学术界，2011（6）：208.

第十一章　民国小学母语（国语）教育的民众能动性

民国小学国语教育的推行大多依靠学术界、教育界人士的倡议与实践，就其大众化过程来看，普通民众对于小学国语教育的能动性一直没有得到积极调动。虽然官僚、商人阶层，以及大部分中上层知识分子等群体对国语持有热情的态度，但大部分普通中下层民众却对国语教育推广没有积极投入，对于小学国语教育更是无感。普通民众在小学国语教育方面动力不足的原因很多，其中最主要是受各个汉族方言区域群体性心理因素、一些地区的少数民族轻学风俗、语言使用生态的坚守与变化、民众国家意识是否觉醒等因素的影响。

第一节　各个汉族方言区域群体性心理因素

学习母语有两个方式，一种是自然状态的学习；一种是系统的学校教育。对于国语教育，各个汉族方言区域群体的民众是否能够欣然接受，这个问题早在国语推广运动启动前，就有人怀有疑虑。民国小学国语教育的倡导者们在进行这项事业的同时，不是没有考虑到各个汉族方言区民众群体性心理的接受程度，他们围绕着国语标准的争论其实也是对这种未知的群体性心理焦虑的一种反应。但这种争论大多仅仅局限于学理层面，没有真正与普通民众的群体性心理相契合。国语教育倡导者内部的分歧与矛盾尽管激烈，但并非不可调和，而是一种在追求全国语言统一前提下的论点分歧，最终在理性的讨论下，实现了妥协。在民国小学国语教育的推行实践中，这种倡导者之间的妥协与理性不具有解决应用矛盾的能力，不能完全分解掉不同汉族方言区域民众群体对于学习国语，实现语言统一的心理障碍。

人们会问："对母语的确认，要不要考虑人们的心理因素呢？"[①] 答案是肯定的。1948年颁布的《世界人权宣言》第26条规定了父母对子女有语言教育差别自由权，"父母对其子女所应受的教育的种类，有优先选择的权利"。不同方言区域的人们对于本地方言都怀有一种与生俱来的特殊情愫，这种情感不仅来源于对国语学习难度的畏惧、对国语统一的种种不适反应，更多的来自于民众们对于他们襁褓时代就聆听、孩提时代所娴熟的母语的依恋。这种母语一般为其区域的方言，他们习惯、喜欢，乃至欣赏、自豪于本区域方言的种种语音语调、词汇、话语结构，这种心理依恋超脱了语言使用的现实需要与统一语言的客观理由。如陈梦韶评述福建闽语方言与国语的差别："以'闽语'与'国语'比较，显然可见三种特点：（一）多古语古音。国语中之古语古音，几乎绝无仅有，而闽语则古语既多，古音更不少。……（二）比较多鼻音……（三）语音比较单纯统一。"[②] 这些差异性是闽语方言区群众难以割舍的语言习惯。尽管全国语言统一有着种种莫大的益处，但对于某个方言区域的普通民众而论，这种益处有时并不与己相关或关联很少。这种思想在那些封闭落后、交通条件不畅的地区尤其顽固。没有国语使用的必要，则必然产生无须国语的心理，也更加依赖与固守方言。而在首都及一些通衢都会中，虽社会上层多有语言统一的需求与一定程度上的实际应用，但于中下层民众而言，方言却是他们维持与标榜本土身份的外显标志。这就不难理解，为何民国推广国语那么多

---

① 刘永燧．论民族语、母语和第一语言 [J]. 民族研究，1999（3）：43.

② 陈梦韶．福建之语言 [J]. 新福建，1945（6）：62.

年，在上海、广州、成都、杭州等非北方官话区的大中城市中，方言依旧是当地最强势的语言。而在各个城乡小学中所推行的国语教育，则屡屡陷于尴尬境地。

胡以鲁说："有人提出母语概念的两个标准：一是语言标准，一是心理标准。"[①]小学国语教育的倡导者们更多谈论与解决了国语代替全国各地汉族方言母语的语言标准技术，但在心理层面，他们没有更多去思考，也没有更努力、有效地去动员民众。因为心理标准层面的统一极其复杂与困难。1923年，民国小学国语教育推行不久，胡以鲁就观察到：语言是一种"社会现象"，制定标准语"当视社会心理为标准"[②]。可见，他已经认识到仅仅解决语言统一的标准化问题，并非国语标准建立的全部，而不同汉族方言区域的民众对各自方言母语的"社会心理"，是更为核心的问题。遗憾的是，认识到这一点的学者并不多，为去解决而付出努力的则更少。

第二节　一些地区的少数民族轻学风俗的影响

民国小学国语教育的推行在边疆少数民族聚居地区与内地汉族聚居区域所遭遇的教育生态有很大的不同。大体上，由于存在着所居环境、生活状态、社会结构、技术程度、经验传授传统、民族风俗乃至宗教信仰等方面的差异，汉族相较一些少数民族，尤其是那些边疆少数民族，更加认可教育的价值，重视教育对于下一代的影响，在子女接受教育的问题上更加主动。尤其是在江南等汉族文化核心区的民众在儒家传统文化所浸染的社会氛围中，长期以来，形成了浓厚的重教崇文的传统。但在一些边疆少数民族聚居区，如在西北塞外与西南边陲，一些在边疆地区所聚居的少数民族民众缺乏对教育价值的认可，对汉族化的世俗教育接纳程度较低，这就

① 刘永燧．论民族语、母语和第一语言 [J]. 民族研究，1999（3）：43.

② 胡以鲁．国语学草创 [M]. 上海：商务印书馆，1923：96.

为民国小学国语教育在这些地区的实行产生负面影响。

部分边疆少数民族民众轻学风俗的形成有很多原因，如在很多少数民族群体中，掌握着意识形态领导地位的宗教领袖出于对自身信仰权威的维护，并不希望其民众过多地接受外来文化的“侵蚀”，尤其是占据优势地位的汉族文化。相对来看，汉族文化代表着比少数民族更加先进的文明程度，其文化的进入可能减弱被进入民族传统文化的影响力，也可能对占据其民族文化主导地位的宗教文化产生很大的削弱作用，甚至直接影响到其民族宗教信仰的稳定。同时，世俗教育模式与内容的介入对于少数民族传统宗教教育是一个现实的威胁。故而，这些少数民族的宗教领袖们往往通过各种方式进行阻挠，不仅是保证其民族宗教信仰的延续与宗教教育的纯正，更为了其民族的信仰传承与民族意识的维系。“我国西部及北部广大牧区之居民主要为蒙藏二族，各有其语言文字，其中识字者不过百分之一二，什九皆为喇嘛。”[①] 而承载着近代文明的世俗教育事业是他们难以介怀的心病。此外，在一些少数民族聚居区域内，其宗教信仰要求民众接受的教育只能在宗教教义许可的范围内，不能与其宗教信仰相背离。这些教育内容与世俗教育内容应是毫不涉及的。所以，这些宗教教义的学习是不能算为真正意义上的教育的。由于具体条件的限制，这些地区少数民族民众子女接受世俗教育后的预期回报也难以令他们满意。学习实效的弱化体现在这些少数民族聚居区内，一些少数民族子女即使费尽千辛万苦能够接受到一定程度的世俗教育或汉族语言教育，也很少有施展的舞台与空间。即使在一些地区，政府有意识吸纳懂汉语、接受过汉语教育的少数民族人士进入政府机构工作，但在一些少数民族的主流意见中，却视这种“出路”为不齿的异途，不是正道。加上一些少数民族聚居区的少数民族民众对于教育价值存在错误的认识，觉得世俗教育所教授的知识不但与他们的宗教信仰所冲突，也与他们生活的社会没有太大关联，主观上有排斥心

① 陈恩凰 . 对于推进我国牧区教育之意见 [J]. 边疆通讯，1943（8）：1.

理。一些家长对于这类教育的态度是持有恶意的，认为“夷人家庭基于夷汉不和之事实，与人民间仇恨心智传统，对于政府之兴办教育，认为是‘汉人的’，常生恶意之推测与举动，表示积极的反对”①。也有一些人持有怀疑态度，“此派较上派为缓和，但对汉人为夷家（自称）教育儿女一世，非常疑惑。他们认为夷汉素来失和，黄牛、水牛，各自有种，最好彼此不相干涉。各过各的。今汉人忽然设立学校，要夷家子弟入学，以为又是对付夷家另一狡谋，与过去的坐质换班、纳款投诚如出一辙”②。同时，这些地区近代世俗教育事业基础的薄弱与发展的缓慢也客观上减少了他们接受教育的可能。如“牧区文化之所以落后，显与游牧生活有关”③。青海地区直到1938年，全省才有回民小学15所，学生2000人左右，初级小学76所，学生4000人左右。“较于邻省，虽算发达，但各校之设备及学生程度，仍较内地各省为落后。”④

在这种轻学风俗的影响下，针对少数民族的汉语语言教育在这些地区多受掣肘，而在以国语统一全国通行语言愿景下的小学国语教育除了实施条件的缺乏，更是遭受着多重限制。虽然有人指出：“就宏观整体和少数民族的根本利益而言，民族地区中小学汉语教育和民族语教育之间不存在任何矛盾；而两种语言教育在时间和空间环境方面存在的一些冲突，可以通过科学合理的安排妥善解决。”⑤但这仅是一种在单纯语言环境下的理想，在复杂的多因素影响下的少数民族聚居区内的小学国语教育，其推行道路注定十分艰难。

① 梁瓯第．川康区倮罗织教育 [J]. 西南边疆，1942（15）：19.

② 梁瓯第．川康区倮罗织教育 [J]. 西南边疆，1942（15）：19.

③ 陈恩凰．对于推进我国牧区教育之意见 [J]. 边疆通讯，1943（8）：2.

④ 贾继英．如何改进战时西北的回民教育 [J]. 边疆半月刊，1938（10–12）：1.

⑤ 杨大方．民族地区中小学汉语教育的性质及汉语教育与民族教育之间的关系 [J]. 民族教育研究，2006（1）：88.

第三节　语言使用生态的坚守与变化

从母语使用的情感与习惯上看，当一个民族无论是被动，还是主动地抛弃或减少其母语使用频率时，都会遭遇到来自其内部的巨大阻力。事实上，这种现象不仅表现在少数民族群体中，也表现在使用各种方言的汉语群体中。对方言或民族母语的坚守，既是有意识的个体精英性行为，也是无意识的群体性行为。

这种坚守，有时候不仅是自己的民族母语或方言，也包括对被本民族或本方言区域内所熟悉掌握的他种语言或方言的坚守。如清代，鄂伦春一族内部交流主要使用鄂伦春语，但在长期学习满文的基础上，形成了以满文作为其日常行文的习惯，“并以满文作为与外界交往的工具”。这种语言使用的习惯一直延续下来，“直到民国年间，鄂伦春人仍然通用满语文”[①]。1943年，库马尔鄂伦春公署仍用满文撰写公文。造成这种情况的原因是一些人口较少的少数民族在坚守本民族母语的同时，出于民族生存交流的实际需要，对学习第二语言的态度也相对较为积极。“双语人或多语人比较普遍，这样的民族常常被称为‘翻译族’，其个体语言人常常被称为‘语言说家’，比如新疆的锡伯族、塔塔尔族、达斡尔族，内蒙古的鄂温克族，内蒙古和黑龙江的鄂伦春族等。”[②] 从某种程度上来说，这些第二语言也成为他们民族的“准母语”。

民国时期，坚守母语的少数民族与坚守方言的汉族方言群体都属于绝对的大多数。只有到了其语言使用生态出现重大变化，母语或方言使用不再通畅的时候，这些人才会逐渐转变。这种转变较多地发生于少数民族群体中，而在汉族方言群体中，由于方言与国语的特殊联系，很多地区的方言尽管受到一定程度上的国语流行的冲击，但依旧保持了其地域性的强势

① 李英．鄂伦春族教育史稿》，转引自长山．清代满语文教育与黑龙江读取的满语[J]. 满族研究，2012（4）：72.

② 王远新．论我国少数民族语言态度的几个问题[J]. 满语研究，1999（1）：93.

地位，能够继续传承。一些少数民族语言使用生态的改变，其最主要原因在于大量汉族移民的到来，改变了当地语言的使用环境，汉语逐渐成为所在区域的次主流或主流语言，导致少数民族母语主体地位的式微或消失。如清末民初，随着东北地区汉人移民的大量进入，改变了该地区的民族结构，经过一段时期的民族交流，优势人口支撑下的汉语也受到原居东北的少数民族的接纳，逐渐取代满语，成为东北地区的通用语言。这种取代的过程是由南向北，由城镇向乡村逐渐进行的，展现了东北地区在汉族民众由南向北的移民过程中，少数民族母语逐渐退出主体地位的阶段性改变过程。在这个过程中，少数民族民众在语言改变上的能动性逐渐被激发出来，从现实需要出发，产生了学习汉语的迫切需要与动力。

第四节 国家意识觉醒下的民众能动性

胡适曾经说："国语是我们求高等知识、高等文化的一种工具，讲求国语，不是为小百姓、小学生，是为我们自己。我们对于国语，要有这样的信心，才能有决心和耐劳，努力去做。"① 清末民初，随着近代国家概念的出现，尤其是中华民国的缔造，为国民形成国家意识创造了条件。国语概念的提出也是与国家意识有密切联系的。国家意识的形成为小学国语教育发展奠定了民众思想基础，觉醒了的国民能够理解国语的意义与价值，也会自觉地去热爱、学习、推广国语。"革新以后，彼此用日语谈心，用英语传话，祖国是已经忘掉了。我国在外国留学的人、贸易的人、充使官的人、华侨华工，在外过年，反观本国，首以国语不能统一为病。"② 这方面表现得最明显的就是台湾地区。

第二次世界大战结束后，中国政府恢复对台湾地区行使主权，但由于

① 胡适．国语运动的历史 [J]. 时兆月报，1921（5）：44.

② 陈哲甫．论语言统一之益 [J]. 官话注音字母报，1917（34）：5.

长期在日本殖民统治下执行了教育、文化、语言等方面的日化政策，导致除了少部分精英派人士外，中华民族概念在台湾地区还没有被广泛接受。老年人大多毫无中华民族观念，而中青年又大多接受了日本大和民族观念的熏陶。鉴于此，台湾光复后，有识之士就提出:“吾人义务上亦恢复了一个最严重的责任，就是台湾同胞中华民族观念上教育的实施。”[①] 很多为增强台湾民众国家意识的举措逐渐实施开来。如在台湾地区进行的祖籍调查是一项非常能唤醒台湾民众民族国家意识的工作。在这场祖籍大调查中，很多台湾人找寻到了自己的根，明白了自己与祖国大陆同胞的血缘联系。他们“明了祖宗世系之所在，而憧然觉悟自己原是炎黄裔胄”[②]。从而自觉抛弃了日化教育的固有观念，强化了他们对于祖国的认同，同时使他们的国家意识觉醒，也对国语更是多了一份亲近感。

既然学习国语是“认识祖国的起点”，禁绝日语是“解脱日本压束的象征”，[③] 如时人所说:“普及教育和团结民族，但是不用统一国语来做基础，这是欲渡江而无舟楫也。”[④] 台湾地区民众对于小学国语教育的推行，也自然多了一份主观上的能动努力。事实上，台湾光复后不久，国民政府曾经采取强制禁止使用日文日语的政策，虽然也因为使用习惯等问题，引起部分台湾地区民众的反感。但因为民国政府同时采取了恢复台湾地区方言，并以方言辅助国语教学的方式，这种亲近台湾母语的措施受到了绝大部分台湾地区民众的欢迎，台湾地区的小学国语教育也推行得较为顺利。在民众国家意识觉醒的基础上，光复之初，台湾地区民众对于国语教育的接纳度非常高。如民国政府先行登台的部队开办了面向台湾地区民众的国语补习班，被台湾地区民众视为“祖国宪兵队不同于日本警察的亲民之举”[⑤]。台湾地区民众对于国语的热爱显而易见。民众自动禁止说日本话，

① 国立中山大学师范学院教育学研究所 . 台湾教育考察报告 [J]. 教育研究，1948(110):117.

② 国立中山大学师范学院教育学研究所 . 台湾教育考察报告 [J]. 教育研究，1948(110):117.

③ 吴棠 . 代序——社教扩大运动周广播辞 [J]. 社教扩大运动周特刊集，1947.

④ 何乐夫 . 国语运动在大西北的重要性 [J]. 西北论坛，1947，1(1):17.

⑤ 魏永竹，李宣锋 . 二二八事件文献补录 [M]. 台北“台湾地区”文献委员会，1994:56.

在公共场所，若有人在讲日本话，就会被人“嘘”。台湾光复之初，很多台湾地区民众还没有时间与条件去知晓何为“国语”，但出于国家意识，多自动约束不说日语，暂时交流以台湾方言，并对国语的学习抱有热忱与期待。但这种全民性的热情延续了一年后发生了一些波折。因台湾地区政府的公务员多系日本留学生，或原来日本殖民政府留用人员，此等人多以会说日语为荣，在公务场合多以日语作为交流口语，逐渐形成一股风气。以致台湾光复一年后，台湾地区民众学习国语的人有所减少，而学习日语的来台内地人却越来越多。这种情形伤害了台湾地区民众对于国语的感情，也在一定程度上制约了小学国语教育在台湾地区的发展。“二二八”事件后，很多人就对这些问题有所反思。在杨亮功、何汉文所撰的《台湾地区善后办法建议案》中，就提出了一揽子相关的建议。如提出要在台湾地区小学中采取可行措施，切实推行国语；国语教师暂以内地人为原则；每所国民学校都须招聘通晓国语的两名内地教师等举措。民国政府也更加倚重国语教育，将其作为在台湾地区进行“再中国化”的重点工作之一。

第五节　普通民众的立场总结

民国时期，普通民众对于小学国语教育的立场是与其对国语的认知联系在一起的。在各个汉族方言区域群体性心理因素、一些地区的少数民族轻学风俗、语言使用生态的坚守与变化、民众国家意识觉醒等因素的影响下，普通民众不同群体对国语的价值与意义有不同认识，也对小学国语教育的实践活动有着不同的心态与立场。

总体上，国语相近方言区的部分民众和部分国家意识觉醒的民众积极赞成小学国语教育的实行。如北京地区的普通民众对于小学国语教育基础大都持肯定与支持的立场。此外，一些大中城市中的部分有智识的群体，包括台湾光复初期的大部分民众也出于对近代国家概念的认可，怀着对国家统一意识的愿景，不但乐见小学国语教育的进行，更是积极配合，教导子女，以学习国语、讲习国语为荣。亦有部分与国语相差较大的汉族方言区的民众与一些地区的少数民族民众，出于语言实用、习惯、宗教、情感等方面因素的影响，对语言统一的潮流不认可，对小学国语教育怀有抵触情绪，从而引发他们在思想上或行动上的抵制。除了以上两种立场外，在与国语语音相距较大的汉族方言区或一些少数民族聚居区内，一则由于语言生态环境的和谐，母语与国语交融的渠道较为顺畅，民众对小学国语教育的进行并没有太多特殊的感觉。另一则由于国语推广运动还未波及一些地区，当地的小学国语教育也未成气候，民众对小学国语教育没有直观认知，也无特殊立场。

第十二章　民国小学母语教育为社会带来的正负效应

民国小学母语教育的推动与实践是在国语推广的大背景下进行的。国语推广既包含着将汉族方言统一于国语的努力，也包含着推动少数民族对汉语语言的学习，其目标在于塑造一个全国各民族各区域皆能接受、应用的统一的语言体系。从这个意义来看，小学国语教育既是汉族小学统一母语的教育，也是少数民族对于汉语学习的统一标准的教育。自20世纪20年代初至40年代末，民国教育部开展小学母语教育将近三十年的时光中，民国小学母语教育在发展的同时，也为民国社会带来了正面与负面的效应，值得我们探究。

第一节　民国小学母语教育的正面效应

“语文教育和社会政治变迁的密切联系主要表现在以下两个方面：一方面，社会政治发展推动着语文教育的发展，为语文教育发展提供条件并提出相应的要求；另一方面，由于语文教育通常指的是祖国语言的教育，因此它是国家和社会得以存在和发展的重要条件之一，它可以通过培养人和传播文化作用于社会发展，对社会的政治、经济和文化产生积极或消极的影响。”[①] 民国小学母语教育是在近代国家、中华民族意识觉醒的潮流中进行的。蔡元培说国语是“融洽国民感情的媒介，是个人求知识，谋职业的应用，是服务于民族国家，尽一个国民应尽责任的应用工具”[②]。也因此，小学母语教育成为民族、国家意识重构的语言纽带。国语是在各民族交流与融合的历史进程中起积极促进作用的语言助手，同时也是实现语言的创新、融合，实现民众语言交流便利，成为全国民众更美好交流的理想所寄。

一、民族、国家意识觉醒的语言纽带

“中国语言文字的现代建构于是成为整个中国社会文化现代转型之中意义重大的中心性事件，创造了中国现代文学与文化的同一性，也深刻影响了现代中国人对这个世界的根本认识。”[③] 通过统一语言实现对民族、国家意识的认知与强化，这是很多国家、地区经过历史检验的成功经验，民国国语运动的根本目标也在此。小学国语教育作为国语运动的重要抓手，作为次代国民语言学习的重要阶段，在这一目标的立场上是坚定不移的。

清末民初，中华民族概念开始逐渐为国人所熟知，国人对于中华民族的认可度也在逐渐加深。而中华民族之所以能够成为一个独立的民族概念，其在民族构成的各方面都已经成熟。那时期的日本华侨就呼吁只有学习统一的国语，才能“做中华民国统一国家的大国民”[④]。孙中山先生曾经说过：“构成民族的第三要素是语言文字。”[⑤]语言文字是与民族相互关联的，一个成熟的民族必然需要有其独有的语言文字。陈宝铨说：“在世界上黄白……黑红五种内，虽然有分开汉、满、蒙、回、藏、及拉丁、条

① 阎立钦 . 我国语文教育与近代以来社会变迁的关系及启示 [J]. 教育研究，1998（3）：29.

② 蔡元培 . 国语的应用 [J]. 国语月刊，1922（1）：3–4.

③ 邓伟 . 试析五四时期语言文字建构的若干逻辑——以国语运动、白话文运动、方言文学语言为中心 [J]. 文艺理论研究，2016（1）：43.

④ 周光 . 日本长崎华侨国语消息 [J]. 国语月刊，1922（8）.

⑤ 陈宝铨 . 语言文字与民族存亡之关系 [J]. 南中，1932：125.

顿史拉夫、色密特和尼格罗等族的繁杂，但是代表他们的语言不外述中、日、英、俄、德、法、意、葡、波等语言字了。到此，我们可以归纳起来，下一句定义：‘语言文字就是代表民族的工具。’”①在中华民族概念正在为国民所接纳的进程中，推动民族统一的语言文字工作，实现国语推广，也应是一件水到渠成的事情。“德国考茨基也说得好：‘民族是语言文字的共同体。’”②在世界民族之林中，由于近代科学的发展，民族与民族的交流，国家与国家的竞争更加热化。尤其是在第一、二次世界大战时期，强势民族、国家对弱势民族、国家的武力征服、资源掠夺，乃至思想控制都发展到了一个更高的阶段。黎晞紫说：“各国言语像其他民族形态事物一样，在国际领域上开始短兵相接。于是，一方面帝国主义想用武力征服，政治势力或经济扩张，推广他们民族语的使用区域；另一方面，民族主义用誓死的努力反抗外国语言的侵略。”③

没有中华民族语言的统一，或被外域语言取代中华民族语言，中华民族的团结与融合就会遭受危机与威胁。“记者尝考二十年来内乱循环不已之原因，虽由于权利之竞争，然大半实出于党派省界之症结；而党派省界之界限，不由于各省各地语言之不同所致，盖语言通则感情生，语言异则互相隔膜。”④时人呼吁：“方今南北纷争，忧国之士力谋统一，但统一南北，非先联络感情，则言语之效力乃大。”⑤蔡元培说道：“中国人民肯替家族、地方牺牲，而不肯替国家牺牲，就是因为感情的不融洽，像广东一省，广州、潮州、汀州、漳州都各有各的语言，所以时起纠葛，虽然也有其他种原因，但是语言的不统一，总是一个重大原因。”⑥对于民国国民来

① 陈宝铨．语言文字与民族存亡之关系 [J]. 南中，1932：125.

② 陈宝铨．语言文字与民族存亡之关系 [J]. 南中，1932：125-126.

③ 黎晞紫．国际补助语与民族语的远景 [J]. 现代知识，2,（1）：26.

④ 点公．要团结全国民众必先语言统一 [J]. 东方评论，1925（5）：57.

⑤ 新．国语与国体之关系 [N]. 申报，1923-05-30（3）.

⑥ 蔡元培．三民主义与国语（1930年）[M]// 沈善洪．蔡元培选集 [M]. 杭州：浙江教育出版社，1992：1288.

说，这不仅是历史的经验，更是现实的教训。民国时期，这个问题对于台湾来说最为明显。日本占领台湾地区后，日本殖民政府就意识到语言文字对于日本统治台湾地区的重要性。因为台湾话是闽南语系的一部分，是中国话的方言，而要割裂台湾地区与中国大陆的语言联系，就要消灭台湾话。只要台湾地区人民不再说台湾话改说日语，就在心理上与中国大陆产生了距离与隔阂，而与日本产生自然亲近。“日本人更毒辣的手段，是废止台湾话。”[①] 所以，日据时期，殖民政府采取了语言同化政策，企图以日文取代中文，以日语取代台湾话。其中最重要的措施就是从台湾地区的小学开始实行日语教育。“他们手段，是先从小学教育上起，小学所用的一切教科书，不用说是历史地理，就是国文，也是指日本文而言。”[②] 除了教科书之外，对于新造名词，如收音机、坦克等，也一律采用日语，直接减少台湾话新词的生长，断绝台湾话的生命力。“一切近代文明产物的名字如无线电收音机、火箭炮等，都要大家说日本话。”[③] 此外，由于日语与汉语有一定的联系，“尤其日本语，向来在文字上使用汉字，在发音上使吴音和汉音，不过在文法上略加改变”[④]，所以，台湾地区民众对于日语学习较易。“日人就利用我们的语言天才及我们学习日本语的方便，于是大讲他们所谓‘国语’（日本语）普及运动，以同化本省同胞。”[⑤] 对于日本人通过语言来割裂祖国与台湾地区的联系，进行全盘日化教育的这一点险恶用心，很多国人看得很清楚，却无能为力。日本殖民政府为了日语普及，除了在小学全面实施日语教育外，还通过青年学校、青年团、少年团、教化联合会、社会教育机关、私立学校讲习会、爱国妇人会、日外赤十字社等

① 何容，朱宝儒 . 语言教育的重要在台湾：日本人是怎样统治台湾的 [J]. 国民教育辅导月刊（上海），1948（6）：7.

② 何孝宜 . 语言文字与民族盛衰之关系 [J]. 南华文艺，1932（2）：15.

③ 何容，朱宝儒 . 语言教育的重要在台湾：日本人是怎样统治台湾的 [J]. 国民教育辅导月刊（上海），1948（6）：7.

④ 姜琦 . 国语普及与民族主义 [J]. 现代周刊，1945（2）：6.

⑤ 姜琦 . 国语普及与民族主义 [J]. 现代周刊，1945（2）：6.

机构进行日语的宣传和教育，并以国民精神总动员运动等为载体，强化日语的推广。这些，“无一不是他们要奴化本省同胞，使之都变成所谓‘皇民’的工具，其中尤以‘国语’讲习所多方设立之外，还有许多私立‘国语’讲习所及‘国语’保育团到处设立”[①]。在这样的语言政策与举措下，尤其是在小学日语教育的普及下，台湾地区的语言生态很快就发生了根本性的变化。日语成为台湾社会的主流语言，基本人人会讲日语。台湾话虽然还有保留，但已边缘化。由于语言生态的变化，台湾地区民众的民族意识也受到一定的影响。“因为日本语这样普及，所以本省同胞的民族意识，确受很多不良的影响，且使日人在本省的统治上得到了许多便宜。”[②]一些台湾地区民众，尤其是年轻人，对于自己中国人的身份产生了模糊，对于中华民族概念更是少有感受。早在1932年，有人就指出：“所以现在台湾的十六岁以下的青年，是只知道神武天皇明治大帝，那里还知道他们的祖先是皇帝呢？”[③]至民国政府光复台湾时，台湾地区已在日本统治半个世纪，其语言生态的改变更加明显，日语地位更加强势。所以，当台湾光复后，重塑国语在台湾地区语言生态中的主流地位就成为最重要的工作之一，也是出于这个原因。

语言统一后，“国民统一之精神，自随而勃发，驯之五族一志，四亿同心，后扩充军备，以固国防，振兴实业，以裕构国计，普及义务教育以培国本，发达科学技艺，以宏国用，种种问题皆得迎刃而解矣”[④]。正是因为语言统一作为民族、国家意识觉醒的纽带，民国政府在实施语言教育时，都将语言统一的国语教育作为重点工作。“作为一种民族主义思想的体现，近代语言统一观是一种国语、国民和现代国家共生的语言建设思想，它反映了近代中国由传统王朝体制向现代国家转型过程中，由于民

① 姜琦．国语普及与民族主义 [J]. 现代周刊，1945（2）：6.

② 姜琦．国语普及与民族主义 [J]. 现代周刊，1945（2）：6.

③ 何孝宜．语言文字与民族盛衰之关系 [J]. 南华文艺，1932（2）：15.

④ 罗重民．国民之统一与国语之统一 [J]. 学艺，1917（2）：7.

族—国家建设的需要，人们希冀从统一语言进而实现再造国民、消弭地域保护主义和加强民族国家认同的政治诉求。”①民国政府通过在内地、边疆，汉族、少数民族间实施同样的小学国语教育，“以期使不同地域、不同信仰与不同民族的学生都具有作为中国人的国民意识、具有同样的价值尺度与国家观念，从而使所有中国人都能担负起建设与保卫国家的重任”②。

二、民族交流、融合的语言助手

俄国国民学校和教育科学的奠基人乌申斯基说一个民族把自己全部精神生活的痕迹都珍藏在民族的语言里。“本族语是一切智力发展的基础和一切知识的宝库，因为对一切事物的理解都要从它开始，通过它并回复到它那里去。”民国时期，由于少数民族与汉族的分布存在着少数民族与汉族杂居，少数民族聚居的情况，其语言交流方面除了汉语外，限于少数民族大部分民众并不通汉语，也需要少数民族对汉语语言的学习教育。因此，民国政府在发展小学国语教育的同时，针对少数民族地区，更多的是强调双语的教育，这是一种考虑到现实情况的做法。如在汉族、维吾尔族、回族等民族杂居的新疆地区，考虑到汉语与维吾尔语是新疆当时通行的两种语言，仅推行国语并不能即时收效，也有很大困难，因此，“政府为其政令通达而在政策的制定上主张倡导维汉双语”③，民国中央政府及新疆地方政府都有这样的考量，也因而对于双语教育有政策福利。“这样，由政府行为带来的双语现象就往往带有极大的普遍性。它不仅完善了维汉等语言文字的交流职能，而且也在一定程度上增进了民族之间的相互了解，这在当时也是具有一定的进步意义。”④可见，在少数民族聚居区，民国政府所推行的小学母语教育既包含了国语教育，也有少数民族母语教育。

① 崔明海．国语如何统一——近代国语运动中的国语和方言观 [J]. 江淮论坛，2009（1）：174.
② 郑亚捷．国语运动视野中的“边疆特殊语文”[J]. 中国现代文学研究丛刊，2008（4）：70.
③ 王泽民．试论民国时期的新语文政策 [J]. 新疆地方志，2007（2）：55.
④ 王泽民．试论民国时期的新语文政策 [J]. 新疆地方志，2007（2）：55.

在中央政治学校里设立的蒙藏教育班、夷民教育班，在地方各地设立的边民学校、特种小学，如云南实施的边地民族教育、广西实施的特种民族师资训练所与“特种小学”，都是这方面的工作。芮逸夫就评价西南地区的这种教育，“都可以说是从根本上求解决西南民族问题的办法，也就是实行扶植国内弱小民族政策的初步”①。

在各民族的交流与融合过程中，这样的小学母语教育为少数民族培养了一批又一批掌握汉语及本民族母语的双语人才，使少数民族之间、少数民族与汉族之间的语言障碍逐步消除，促进了少数民族地区社会的发展、经济的进步，促进了各民族之间的联系，也为国家的民族和谐创造了基础条件。此外，对于相对弱势的一些少数民族，要实现与其他民族在权益上的平等，除了接受政府的政策优待外，也亟须自己民族的奋发与进步。而其前提条件即是语言交流的顺畅。“要扶植西南民族，要实施夷民教育，非先打通各民族语言上的障碍，不易见效。而要打通语言上的障碍，非先实施语文教育不为功。”② 小学国语、小学双语教育在这方面具有独一无二的价值，有助于保障弱势民族的平等权益。

三、促进全国交流的美好理想

国语标准的建立与推行，其直接目标是为了全国各民族、各区域民众更好地交流。“国语运动推行的是不仅反对文言也超越方言的一场创造全民族共同语的运动，这是现代民族国家建构过程中的文化同一性建构的重要举措。”③从这个意义上看，国语标准的建立可以被看作塑造更好的中国的一个直接手段。1923年，沈兼士说道：“近十年来教育家都以为我国教育之所以不能普及，文化之所以不能进步，其重要的原因，由于语言文字的分

① 芮逸夫．西南民族语文教育刍议 [J]. 西南边陲，1938（2）：45.

② 芮逸夫．西南民族语文教育刍议 [J]. 西南边陲，1938（2）：46.

③ 郑亚捷．国语运动视野中的“边疆特殊语文”[J]. 中国现代文学研究丛刊，2008（4）：68.

歧和繁重。”[①]而解决语言文字分歧与繁重的唯一办法就是国语教育。

清末民初，无数人为了这个目标而努力。在张之洞设计的《学务纲要》中，就提出了各省学堂应该统一文言文的设想。民国国语标准和拼音的设计曾让很多人激动不已，因为实现语言统一，实现顺畅的语言交流，这是很多中国人的梦想。1919年，张一麐曾对一种拼音字母设计的出现而感到欣喜：“随便哪一省的话，都可以用这种字母写在纸上，不到一个月，向来不认得字的人，可以把这种字母写信给人家，可以不费什么教育费。若是将来做成一种教科书，推广到全国，那么我国一千个人中的九百九十三个不识字的半聋半瞎半哑半呆等同胞，仿佛添了一种利器，叫他们把天生的五官本能完全发达，那不是一种最大的慈善事业么？”[②]正是这种心态的反映。国语的推广根基就在小学国语教育中。1921年，小学国语教育提出后，范祥善说这“确是我国文化上一个大进步”[③]。胡梦华更是推崇道：“一般教育界都说国语是最能道白，最能通俗的文字，用来普及教育可以收到很大的效果——这就是国语的平民性。”[④]

在语言文字的发展历程上，不同体系的语言文字的碰撞、交融，乃至产生新的词汇、语音，都是常态。如近代日本很多新设词语，所谓“新汉语”传入中国后，面对着接受与排斥两种态度，最终在历史大势下，与汉语交相包容、合拍，成为新的汉语词语、语音。在这个意义上，民国小学国语教育通过将近代新造词汇，包括“新汉语”，系统地介绍给学生，也是一项具有价值的工作。而同时，一些人也期待着民国国语推广能够为未来理想中的全国民众语言交流创造更好的条件。全国语言的统一，全国汉族方言母语的统一，不但是少数民族与汉族语言的顺畅沟通，更希望语言交流达到新的境界。“我们希望有最好的工程师，采用这么伟大一笔遗产，整

① 沈兼士．国语问题之历史的研究 [J]. 国立北京大学国学季刊，1923（1）：57.

② 张一麐．我之国语教育观 [J]. 教育杂志，1919（7）：52.

③ 范祥善．教学国语的先决问题 [J]. 教育杂志，1921（6）：1.

④ 胡梦华．国语两面观与国语运动之双轨 [J]. 人民评论，1933（22）：28.

理出更有价值的、更适合中国人的要求的、漂亮的、坦白的，完全是中国风的语言文字来。”[①]虽然这是一种美好的理想，但确是一种现实中的期待。

第二节 民国小学母语教育的负面效应

在民国小学母语教育的推行中，也确实存在着一些负面的效应，这些负面效应有些由主观因素所肇，亦有客观条件的限制所致。这些负面效应包括制定国语标准中的政治考量所带来的争论；忽视语言教育规律所造成的部分民众对小学母语教育的反感与排斥；部分地区过于重视少数民族母语独立性而导致的边文障碍等。

一、国语标准中的政治考量带来的负面效应

在国语标准的争论中，无论是北京话派（北音派），还是会通派，虽然都以学术元素装饰各自对于国语标准的观点，但其中亦含有政治因素的考量。两派支持者中有身为南方人，因长期定居北京，或参与北京政治圈而竭力支持北京话派；有非北京地区的出于地方语言利益考量而竭力主张会通派，以为北京话不能成为国语的标准。所谓“此时所谓官话，即北京话，仍属方言，为能得各地方语言之大凡，强人肄习，过于削足适履，采为国语，其事不便”[②]。所以有学者就以为，这场国语标准的论战各方虽然都打着语言学术的幌子，但实质上都有着各自的政治利益的诉求。“他们提出的具体方案其实相差不大，但微小的差异却被赋予了极为重要的政治意义，各派立场也因而互不相容。”[③]这些政治因素的掺杂使得民国国语标准的制定并不纯然倾向于全国语言交流、会通的便利、和谐等原因，对国

① 唐锦柏 . 中国的语言文字 [J]. 文化建设，1934（1）：2.

② 沈慎乃 . 通信 [J]. 新青年，1916（1）：5.

③ 王东杰 . “代表全国”：20世纪上半叶的国语标准论争 [J]. 近代史研究，2014（6）：77.

语标准的制定必然产生一些负面的影响，也对各地具体实施小学母语教育产生了一些障碍。

二、忽视语言教育规律所造成的部分民众对小学母语教育的反感与排斥

在具体的民国小学母语教育的实践中，因为一些主客观原因，部分政策执行者、施教者们没有能够切实地尊重语言教育的客观规律，侧重强调语言教育的政治性与统一化，没有关注到具体地区的具体语言生态，导致一些地区的小学母语教育没有得到民众的真心拥护，甚至产生了反感，并采取抵制行动。有人评价："五四时期现代白话文运动的迅速成功与国语运动的旷日持久形成了鲜明的对比，国语运动的成功需要强有力而稳定的政府和行之有效的教育部门等，但是这些条件在晚清以来的中国很长时期都不具备。"[①] 早在清末，从左宗棠以来，在边疆推行的以汉语为主的小学母语教育其效果总体不佳，不但师资缺乏，培养质量不高，没有能够产出大量合格的双语人才，反而因汉语教育的强制学习，造成部分地区民族矛盾的激化。民国小学母语教育在这些地区的推行也遇到了相同的状况。其中不但有民族语言碰撞的客观原因，也有不合适的语言教育政策、教育模式、教育方法等主观原因。客观分析，一种统一的国家语言体系——国语——的建立依赖于从基础教育就开始的统一、规范的国语教育。同时，对少数民族母语的教育维护也奠基于从基础教育开始的少数民族母语教育。在汉族方言区，小学教育中的国语课程需要与当地方言习惯进行斗争。而在少数民族地区，小学教育中的汉语课程需要与少数民族语言同步，并行双语的学习模式。这些教育的成功实践有赖于以下条件：一、一个强有力的能够有效推行其语言政策，实现其实施的中央政府；二、能

① 邓伟．试析五四时期语言文字建构的若干逻辑——以国语运动、白话文运动、方言文学语言为中心 [J]. 文艺理论研究，2016（1）：40.

够积极响应中央的小学母语教育政策，并积极与地方语言实际相结合，付诸实践的地方政府。三、能够与小学母语教育师资条件相配套、适应具体语言生态环境、符合小学母语教育规律的新教学理念、教学模式、教学方法的创造与推广、应用。事实上，这些条件在民国大部分时期、大部分地区都不具备。

一些学者因寻求地方文化的平等身份而反对国语的人为统一。如聂绀弩更说："削足适履地、生吞活剥地强迫全国大众抛弃自己从小就说着、和自己的生活有密切关系的父母语，去学习那不知从哪里来的所谓'国语'，乃是一种'侵略式独裁式的办法'，真正的'统一的民族语'是在各地人们的交往过程中'逐渐形成'的。"①"这就是他们不用'标准语'的一个根本原因。"②也有人认为他们"并不反对统一的民族语，所反对的是侵略主义的国语"③。

归根结底，在民国小学母语教育推行的具体过程中，学术界与教育界对于语言教育规律的学习与把握还很不足。1922年，黎锦熙提出在1913年实现读音统一，创设注音、字母；1920年教育部预计需要大约100年的时间，才能实现全国国语统一的目标。"我们预定十年一步，到民国100年，大致是走到了。"④在那个时候，"只在大学文科专科中因为研究古学，才有这些死的汉字。这种大改进的精神，惟愿诸君坚持到底"⑤。也有人较为极端，对于推行统一的小学国语教育有不同的看法，认为这是违背了语言融合规律，不可能实现的道路。如陈丹企说："用一个方言来削平群雄定于一尊以使溥天之下莫非王土的这种方法是行不通的。"⑥黎锦熙也认为

---

① 聂绀弩.给一本厦门话写文章小册子作的序[M].上海：大风书店，1937：126.

② 王东杰.官话、国语、普通话：中国近代标准语的"正名"与政治[J].学术月刊，2014（2）：162–163.

③ 应人.读了《我对于拉丁化的意见》之后[M]// 倪海曙.中国语文的新生.上海：上海时代书报出版社，1949：75.

④ 黎锦熙.国语教育底三步[J].国语月刊，1922（6）：2.

⑤ 黎锦熙.国语教育底三步[J].国语月刊，1922（6）：2.

⑥ 陈丹企.国语与方言[J].中国语文（上海），1941（3–4）：166.

在短时期内，各种汉族方言还有其独特的价值，并不能全盘为国语所一统。“统一的国语，就是一种标准的方言，不统一的方言，就是许多游离的国语。”[①]无论国语还是方言，都是各有用途，互相帮助的，所谓“‘不统一’的国语统一”[②]。也有人提出语言的合并统一是一个大的趋势，但是这种趋势的进程并非我们想象得那么快速。任何语言的衰亡都有一个漫长的进程，在一个相当长的时期内，多种语言并存的形势是长期存在的。

三、部分地区过于重视少数民族母语独立性而导致的边文障碍

在民国语言界中，有一种观点认为各方言、民族母语的存在与发展并不妨碍中国国家的统一与民众国家意识的完整。从保存语言多样化、民族独特性的角度来看，这是有一定道理的。但在此观点上又衍生出一种观点，即在少数民族地区的语言使用上，过于重视少数民族母语的地位与作用，甚至将其凌驾于国语之上，结果造成了更加严重的语言障碍与交流成本。如在一些少数民族聚居区的少数民族群众顽固存在着不愿意接受国语教育的情节，认为汉族语言的教育推广是一种文化的侵略。在他们的坚持下，这些地区的机关文件、政策报告，乃至行政条令等，都需要在以汉语进行书写的同时，还须以民族母语进行书写。尤其是在蒙文、藏文流行的边疆地区。这些民族母语写成的文件、报告、条令，在具体落实到民间时，因少数民族群众对民族母语的识字率较低，使得这些民族母语文件大多成为无效劳动的产物。时人也有批判，说这种对于边疆民族语言在官方文告中的过度坚持，也是一种官僚主义的表现。反映到这些地区的小学母语教育上，由于没有把握好双语的平衡，再结合具体的师资等条件限制，导致小学汉语教育在这些地区的一些学校中推行效果不佳，甚至少有成绩，也就容易理解了。

任何事物都很难尽善尽美，民国小学母语教育的发展在很大程度上促

① 黎锦熙．国语“不”统一主义（下）[J]. 文化与教育，1934（7）：3.

② 黎锦熙．国语“不”统一主义（下）[J]. 文化与教育，1934（7）：3.

进了中国语言统一，便利了各地区各民族民众的交流与融合，起到了积极的作用。但也因为种种历史环境的限制，甚至个人因素，如黎锦熙所评论的“无非个个想做仓颉，甚至要打起架来”[①]，产生一些负面效应这也是难免的。

---

① 邓伟．试析五四时期语言文字建构的若干逻辑——以国语运动、白话文运动、方言文学语言为中心 [J]. 文艺理论研究，2016（1）：37.

附　录

全国小学国语文竞赛会办法

（二十三年九月教育部）

一、宗旨：本会以竞赛国语文，促进国语普及为宗旨。

二、赛员：本届与赛员，以全国公私立小学校学生为限。

三、组别：本届分四级比赛，以初级三年为甲组，初级四年为乙组，高级一年为丙组，高级二年为丁组。

四、文体：本届各级比赛国语文体，规定如下：

1. 甲组：记叙文。

2. 乙组：记叙文。

3. 丙组：记叙文。

4. 丁组：议论文。

五、题材：本届各组比赛国语文的题材，由与赛员自定。

六、字数：本届各组比赛国语文，每篇字数，以下列各组订定数目为准。

1. 甲组：80字至120字。

2. 乙组：120字至200字。

3. 丙组：150字至200字。

4. 丁组：200字至400字。

七、纸张：竞赛用纸，须用国货，由与赛员自备。纸张照小学国语教科书大小。一律用毛笔（正楷）直行书写。每面六行，每行十五字。两页以上，在每页左上角，写明页数。

八、封面：竞赛用纸一页或数页，均须用同样纸张做封面，装订成册。封面上须写明，“组别”“姓名”“性别”“年岁”“籍贯”“校名”“校址”等字样。

九、注音：文字右旁，一律附注标准国音（注音以教育部公布的国音常用字汇为准）注音符号。（不注调号）

十、标点：用教育部公布的“新式标点符号”。

十一、参加：本届由本会呈请教育部，通令各省市县教育厅局转令所属公私立小学校学生参加竞赛。

十二、初选：全国公私立参加学校，须于民国二十三年十月一日前，选定本校每组最优等文卷各一篇（参加一组或四组听便），呈送主管机关（省立小学呈送省教育厅，市立小学呈送市教育局，县立小学呈送县教育局），再由各级主管机关，于民国二十三年十一月一日前，选定每组最优等文卷各两篇，径寄上海西藏路平荣里九十八号全国国语促进会办事处。

十三、评判：

1. 评判员由本会聘请若干人，分组评判。

2. 评判标准和计分法：

注音……二五分。

内容……（思想材料）三五分。

形式……（词语、语法、结构、修辞、标点）四十分。

十四、奖证：各组分数最多的十名，各奖奖证一张，由本会呈请教育部颁发。

十五、附则：本办法如有未尽事宜，由全国国语教育促进会修正。①

① 全国小学国语文竞赛会办法 [J]. 河北教育公报，1934（27-29）：19-20.

中华民国国语研究会暂定简章

一、定名

中华民国国语研究会。

二、宗旨

研究本国语言选定标准以备教育界之采用。

三、会所

设于北京（暂借北半截胡同旅京江苏学校为事务所）。

四、会员

凡赞成本会宗旨者，由本会会员介绍，得为本会会员。

五、职员

设会长一人，副会长一人，干事若干人，评议员若干人，由会员互举之。

六、会务

（甲）调查各省方言；（乙）选定标准语；（丙）编辑语法辞典等书；（丁）用标准语编辑国民学校教科书及参考书；（戊）编辑《国语杂志》。

七、会期

每年开大会二次，如有特别事故，得开临时会。

八、会费

本会开办经费暂由发起人担任之，常年经费由会员担任之（每人年缴会费二元）。

九、附则

以上简章，得于大会时以多数会员之统一修改之。

中华民国国语研究会征求会员书

同一领土之语言皆国语也。然有无量数国语较之统一之国语，孰便？

则必曰统一为便。鄙俗不堪书写之语言，较之明白近文字，字可写之语言，孰便？则必曰近文可写者为便。然则语言之必须统一，统一之必须近文，断然无疑矣。

虑之者有二说焉：甲说曰，我国既有无量数之语言，各安其习，谁肯服从，将以何地之语言统一之？乙说曰，数千年之积习，数亿万之人口，数亿万之面积，欲求统一，能乎？不能！今试为分解之。

甲说，谓各安其习者，未生不便之感觉也。吾人之始离乡里也，应对周旋一切不便，及其既久，不知不觉而变其乡音，其变也，但求便利，（故）无所（谓）容其，自是亦无所谓服从。况统一之意，当各采其地之明白易晓近文可写者，定为标准，互相变化择善而从，删其小异，趋于大同，（故）初非指定一处之语言，而强其他之语言服从之也。

至（于）乙说所虑，谓之为难，可也，谓之为不能，不可也。夫语言本古今递变（顾亭林说），今日各地之方言，已非昔日各地之方言，具有明徵（春秋吴越语，今苏杭人不解;《红楼梦》之京话与今之京话多不同；苏州白话小说及传奇中之苏白，大异于今苏语；其他古今白话不同之证，甚多）但其变也无轨道可循，则各变其所变。使立定国语之名义，刊行国语之书籍，设一轨道以导之，自然渐趋于统一，不过迟速之别而已。

沈约四声韵谱，当时本多反对，及其韵书流行，虽日本、朝鲜同文之国，亦归一致。然则苟有轨道可循，无用虑区域之广、人口之多也。由此言之，不必虑统一之难。当先虑统一之无其术与具耳，同人等有见于此，思欲达统一国语之目的，先从创造统一之方术与夫统一之器具为入手方法。惟志宏才薄，不克成此大业，爰设此会，冀欲招集同志，共襄此举，四方君子，幸赞助焉，此启。①

（发起人名单，略）

① 中华民国国语研究会暂定简章 [J]. 新青年，1917（1）：2.

小学国语课程标准

第一　目标

（一）指导儿童练习国语，熟谙国语的语气语调和拟势作用，养成其正确的听力和发表力。

（二）指导儿童由环境事物和当前的活动，认识基本文字，获得自动读书的基本能力，进而欣赏儿童文学，以开拓其阅读的能力和兴趣。

（三）指导儿童从阅读有关国家民族等的文艺中，激发其救国求生存的意识和情绪。

（四）指导儿童体会字句的用法、篇章的结构、实用文的格式，习作普通文和实用文，养成其发表情意的能力。

（五）指导儿童习写范字和应用文字，养成其正确、敏捷的书写能力。

第二　作业类别

（一）说话

（1）日落谈话的耳听口说。

（2）问答、报告、讲述故事、演说、辩论等的练习。

（附注）这类作业，在原来使用标准语的地方，不用设置；在不适用标准语的地方，以设置为原则。教学时应用标准语；倘师资缺乏，不能用标准语时，也应充分用近于标准语的口语教学。

（二）读书

（1）习见文字、注音符号、标点符号等基本工具的熟习和运用。

（2）相像性的普通文、实用文、诗歌等的欣赏、理解。

（3）现实的普通文、实用文等的精读和略读。

（4）辅助读物的课外阅读。

（三）作文

（1）应用的普通文、实用文格式、结构、文法、修辞等的理解和运用。

（2）经历、计划、感想等的叙述抒发。

（3）普通文、实用文等的习作。

（四）写字

（1）正书、行书的习写。

（2）实用文的抄写。

（3）通用字行书、草书及简体字的认识。

第三　各学年作业要项

第一、二学年

说话：

一、日常用语的练习。

二、有组织的语言材料的演习。

三、简易有趣的日常会话。

四、简短故事的表述练习。

五、国音注音符号的熟习。

每周时间：60分。

读书：

一、连续故事图的讲述、欣赏。

二、有关儿童生活、道德教训等富于想像性的童话、寓言、自然故事、生活故事、儿歌、杂歌、谜语等的欣赏、演习或吟咏。

三、有关学校生活的浅易布告书信等的阅读理解。

四、上两项教材中重要词句和单字的熟习运用。

五、各种浅易儿童图书的课内或课外阅览。

六、简易标点符号的认识。

一二年级共360分。

作文：

一、对照图片实物等的口述或笔述。

二、日常生活偶发事项、游戏动作、集会、故事等的口述或笔述。

三、简易说明文书信等的分析或试作。

一二年级共360分。

写字：

一、简易熟字的硬笔（铅笔或石笔）习写。

二、毛笔写字的基本训练（执笔、运笔、姿势等）。

三、单体及合体字笔顺、偏旁冠脚、部位等的辨认练习。

四、正书中字的影写、仿写。

一周时间：360分钟。

第三、四学年

说话：

一、有组织的语言材料的练习。

二、有趣味的日常会话。

三、故事的表述练习。

四、简短演说的练习。

五、国音注音符号的运用。

每周时间：30分。

读书：

一、有关儿童生活及含有道德教训或国家民族意识等的自然故事、生活故事、历史故事、传说、寓言、笑话、剧本、杂记、游记、儿歌、杂歌、民歌、短歌剧、小诗等的欣赏演习或吟咏。

二、有关日常生活的浅易重要书信、布告等的阅读理解。

三、上两项教材中重要词句和单字的熟习运用。

四、各种浅易儿童图书的课内或课外阅读。

五、普通标点符号的理解熟习。

六、字典词书的练习使用。

每周时间：210分。

作文：

一、对照图片、模型、实物等的笔述。

二、日常生活、游戏动作、偶发事项、集会、故事、时事、读书要点等的记述。

三、对于家庭、学校、社会的建设改进计划或感想的发表。

四、书信等的分析或试作。

五、普通标点符号的运用练习。

每周时间：90分。

写字：

一、毛笔写字的基本训练。

二、字的结构部位等的辨认练习。

三、正书中小字的仿写。

四、中小字的应用练习。

五、简便行书的认识并试写。

每周时间：70分。

第五、六学年

说话：

一、日常会话。

二、故事的表述练习。

三、普通演说的练习。

四、辩论的练习。

五、话剧的练习。

每周时间：30分。

读书：

一、有关儿童生活、道德教训、读书指导及含有国家民族意思等的历史故事、生活故事、自然故事、传说、小说、笑话、剧本、游记、杂记、诗歌、理解或吟咏。

二、普通的浅易重要书信布告等的阅读理解。

三、上两项教材中重要词句修词及简易的熟习运用。

四、各种儿童图书及浅易日报小说等的课内或课外阅读。

五、选择课外读物的练习。

六、检查字典词书的使用。

每周时间：240分

作文：

一、日常事项、偶发事项、读书心得等的笔述。

二、各种小问题的评述。

三、继续第三、四学年第三项。

四、演说辩论的拟稿。

五、应用的普通文实用文（注重书信报告书）的分析习作。

六、文艺文的试作。

每周时间：90分

写字：

一、正书中小字习写。

二、实用文（注重书信的格式）的书写。

三、简便行书的习写。

四、通用字行书草书的认识。

每周时间：60分。

附注：

一、读书教材，应以儿童文学为主体。

二、第一、二学年说话、读书、作文、写字以混合教学为原则。

三、第三、四学年起，说话、读书、作文、写字仍可混合教学。如分别教学时，也应互相联络。

四、在原用标准语的地方，说话作业从缺，把省下来的时间加在读书写字等作业中。

附件一 读书教材各种文体的说明

（甲）普通文

（一）记叙文

（1）生活故事　以儿童等为主角，记述现实生活的故事。

（2）自然故事　关于自然物的生活和特征的故事（科学机械等发明的故事也归入此类）。

（3）历史故事　合于史实的记人或记事的故事（传记、轶事等也归入此类）。

（4）童话　超自然的假设故事（神仙故事、物语也归入此类）。

（5）传说　民间传说的故事（原始故事也归入此类）。

（6）小说　冒险、侦探、战争等富于艺术描写的故事。

（7）寓言　含有道德意义的简短故事。

（8）笑话　滑稽可笑的简短故事。

（9）日记

（10）游记

（11）其他

（二）说明文

（三）议论文

（乙）实用文

（一）书信　儿童和家属亲朋教师同学等往来的信札。

（二）布告　学校或儿童自治团体等的通告广告。

（丙）诗歌

（一）儿歌　合于儿童心理的趁韵歌辞（急口令等也归入此类）。

（二）民歌　民间流传的歌谣（拟作的民歌也归入此类）。

（三）杂歌　一切写景抒情叙述故事等的歌谣（弹词鼓词也归入此类）。

（四）谜语　包括拟作。

（五）小诗　简短的，近人的所谓新诗和古人的白话诗。

（丁）剧本

（一）话剧

（二）歌剧

附件二　读书教材编选的注意点

（一）根据本党的主义，尽量使教材富有牺牲、互助、奋发、图强的精神。凡含有自私、自利、浪漫、消极、退缩、悲观、封建思想、贵族化（如王子公主……之类）、资本主义化（如发财……之类）等的教材，一律避免。关于下列的教材，尤应积极采用：

（1）关于国民革命的，例如：

（甲）国旗；

（乙）中山先生革命生活；

（丙）重要的革命纪念日（如黄花岗之役、武昌首义等）；

（丁）其他。

（2）关于奋发民族精神的，例如：

（甲）爱国、兴国和民族革命、民族复兴有关的；

（乙）和中华民族的构成及文化有关的；

（丙）和国耻国难有关的，但以根据历史事实，不流于感情叫嚣者为限。

（丁）其他。

（3）关于启发民权思想的，例如：

（甲）破除神权的迷信的；

（乙）打破君权的信仰和封建思想封建残余势力的；

（丙）倡导平等、互助、规律等的；

（丁）关于民权运动的；

（戊）其他。

（4）关于养成民生观念的，例如：

（甲）劳动节和有关农工运动的；

（乙）有关造林运动、改良农业、工业运动的；

（丙）有关提倡国货的；

（丁）有关合作生产、合作消费的；

（戊）其他。

（二）根据儿童心理，尽量使教材切合儿童生活和儿童阅读能力及兴趣。其条件如下：

（1）意义方面

（甲）适合我国自然和社会环境等一般情形，并不与现代相违背；

（乙）适合我国教育目标或富于道德教训；

（丙）适合儿童经验和阅读兴趣（初年级喜富于想像性的教材，中年级渐喜现实的教材，高年级喜性质奇特的教材如战争、探险、英雄伟绩、机械发明等）；

（丁）奇警而有充分的真实性；

（戊）具体而有深切隽永的趣味；

（己）有引导儿童动作、思考等的功用。

（2）文字方面

（甲）确是国语，不杂土语、方言（诗歌韵取国音）；

（乙）语句明白顺适，合于语言的自然；

（丙）措辞生动而不呆板；

（丁）叙述曲折而不太平直；

（戊）描写真切而不浮泛，并且和所叙的事实“一致的和谐”；

（己）情节一贯，层次井然；

（庚）结构严密完整而不疏散奇零；

（辛）题材多用“拟人”的描写（例如用凭媒嫁娶拟蜂传花粉，用唱歌拟鸟叫等）和直接语的叙述（例如动物的生活，不用第三者的口吻转述，而由动物自述等），以使儿童设身处地亲切体味。

（壬）生字依据部颁的儿童文汇，支配大体均衡，并且多复习的机会；

（癸）文字的深浅恰合儿童程度。

（3）插图方面

（甲）插图必须多，最好和文字各占一半；

（乙）图幅的大小：低年级用的，占全面的二分之一；中高年级用的，可小些，但至少占全面四分之一；

（丙）在可能范围内，中低年级多用彩色图；

（丁）单色图以浓淡深浅分别；

（戊）图中的主体，特别明显；

（己）生动而富于滑稽性。

（4）编排方面

（甲）低年级开始用的课文，先是演进练习的图书故事，次是半图半文的“反复故事”；初用的故事诗歌，从完整成段或成篇的文字入手，不从单字单句入手；

（乙）除了欣赏的材料之外，还得有参考的材料；

（丙）想像性的材料和现实的材料，大约是一与五之比；

（丁）避免足以引起恐怖或确实足以养成儿童迷信观念的材料；

（戊）文体错综排列，支配约如

戏剧	诗歌	实用文	普通文			类别／百分比／年级
			议论	说明	记叙	
〇	二七	三			七〇	低
三	一五	一〇		五	六七	中
三	一〇	一二	五	一〇	六〇	高

左表，但不必十分拘泥；

（己）全书各册最好都有组织，最好都把儿童或儿童切近的人物做教材中的主角；

（庚）依时令季节排列，以便随时教学，易于直观；

（辛）附问题和练习课文，高年级用的并附语法和各种实用文格式；

（壬）有注解或并有索引；

（癸）分量足用（每本在一百面以上），多留用者的选择余地。

第四　教学要点

（一）说话

（1）教师应预编案例，作为语言材料。语料分三种如下；

（甲）有组织的演进语料，每套要有一个题目；每句要单说动作的一步，但不可太繁琐；要从一个主位说起，并且要容易看容易做；每套的句子不可太多。

（乙）会话的语料，要集中于一件有趣味的事情上，而且有一个有趣味的题目。

（丙）故事的语料，要含有儿童文学趣味，而不违反党义。

（2）开始教学时，尤应注意于语句的完整和姿态的活泼自然，并须使儿童熟知问答的法则。

（3）听熟了，然后学说；说熟了，然后换别种教材；所换的教材，应当和已教的教材充分的联络，充分的用已熟习的词句。

（4）说话要自然（不可拘泥于文字的斟酌而受文字的束缚）。并且要注意儿童语和成人语的不同。

（5）说话要生动，有情景；教学和动作，要结合表现；已经讲过的故事，最好要使儿童表演。

（6）凡容易错误的音或话，要格外说的清楚，听得多，练习得多，并根据发音部位指导矫正；意义不明显的话，要用实物、图型、动作、说明、翻译等表示意义。

（二）读书

（7）在可能范围内，可不必用国语课文，教学程序如下：

（甲）低年级开始，从环境和季节的单元活动入手，在观察、动作、谈话的时候，就实物、动作、图画等得到的观念里，抽出主要的词和语句来，做儿童学习的资料，进而加以练习；

（乙）主要文字所含的部首音系，指导儿童随机辨认；

（丙）约经过相当时期后，就阅读“反复故事”，（由儿童自读）；

（丁）再经过相当时期后，乃采取普通读物，分期配置，指导儿童自由阅读；

（戊）常识类的普通读物，逐渐加多分量。

（8）国音注音符号，在可能范围内，应比汉字先教。教学时，应注意下列各点：

（甲）从用注音符号写成的完整的语句入手，等语句熟习了而且读得多了，再分析辨认各个符号的音和形；不得开始就教各个符号的形和音；

（乙）辨音时，不必过于注意四声，但开齐合撮的口腔，必须注意；

（丙）应领导儿童多练习，多写；

（丁）应用符号编座位号次和笔记簿号码……

（戊）教学时应多用教具。

（9）读书教学，须先全体的概览而后局部的分析，先内容的吸取而后形式的探求，先理解而后记忆。

（10）文艺材料的教学，须多方的补充想像，并随机设计表演，把内容情景显露无遗，使儿童得充分的欣赏。

（11）读书教学的顺序如下：

（甲）概览全文，将生字难语弄个明白。

（乙）分段阅读解答；

（丙）了解全文；

（丁）摘要表述（即写纲领，作报告或笔记心得等）。

（12）每周除精读外，应定时指导儿童略读。略读，以默写为原则。

（13）诵读，低年级朗读应多于默读；中年级朗读默读各半；高年级默读的时机，要较朗读为多。教学朗读，宜注意发音和语调；教学默读，宜注意训练儿童读得正确、迅速（养成有规则的眼动，免除暗发喉音，注意阅读时间的减缩……）而扼要（就是提纲挈领，如划分段落、寻求要点等）。

（14）文字的记忆，应用"生字练习片"，反复练习；不得动辄责令儿童背诵全文或一大段。生字练习片，大约三公寸长、两公寸宽，上写一字或一词。

（15）自二年级起，得视相当机会约略指点文字构成的意义（例如吃从口，烧从火，旦为日从地上出现之类），以减少儿童书写时的错误。遇有需要时，并约略指导简易的文法，以增进儿童阅读和发表的能力。

（16）略读的图书，须欣赏的、实用的、参考的三项并重，但依年级而异其分量。除课内指导外，应督劝儿童课外阅读，并作读书报告。

（17）课外阅读的读物，须与课内的读书教材相应，或有辅助的关系；并须同样考核成绩。

（18）自四年级起，应指导儿童练习读书笔记。

（三）作文

（19）无论口述或笔述，都得注重内容的价值，而不仅着眼于语言文字的形式的练习。

（20）口述应和笔述常相联络。例如同一题材，先演讲（口述），继以记述（笔述），再继以讨论（研究）；或先演讲，继以记述；或先记述，继以讨论。

（21）低年级作文的指导可多用"助作法"，中年级可多用"共作法"。

（22）须养成起腹稿或先做大纲的习惯。

（23）命题方法应注意：（一）利用机会命题，（二）常由儿童自己命题，（三）多出题目，以备选择。

（24）命题性质应注意：（一）合于儿童生活的，（二）便于儿童发挥的，（三）富于兴趣的。

（25）批改成绩应认真，应多保留儿童本意，并予儿童以共同批改研究的机会。并得于高年级中斟用“订正符号”，使儿童自己修改。又誊清手续，非有特殊需要时，应省去。

（26）订正错误应多个别指导。如有巨大的错误，可将其容易错误的文法句法，用听写法仿作法等充分练习。

（27）文法语法的指导，须在需要时提出；指导时，须用归纳的过程，把国语文中已习过的材料做基础。并搜集类似的材料，比较研究。

（28）作文的范例，须以模范（思想无误、层次清楚、格式恰合，……）的实用文、普通文为主。

（29）开始练习作文时，就应指导儿童笔记当前的活动。

（30）须随机或特殊设计，多多指导儿童习作实用文。

（31）作文须与各科（如笔记各科的讲述等）联络，并须与课外活动（如学校新闻、学级刊物的拟稿等）联络。

（四）写字

（32）写字的材料，初学应采习用的字、易误的字。其自由写或速写的练习，应组成有意义的句子，以减少机械的作用。字体，得充分用简体字，以求简易迅速。

（33）写字练习，应以中楷（正书中字）为主要教材。

（34）写字的姿势，工具的应用，桌椅的排列，以及字的笔顺、结构、位置等。开始的时候，就应当严密注意指导，不得懈怠。写中字时，尤应注意如下的各点：

（甲）用羊毫笔，以笔锋细直的为宜。写时开通三分之二，写完后，把墨洗净。

（乙）砚以细致而不粗糙、光滑为善。墨必磨浓，宿磨最好常常洗去。

（丙）执笔法如图。大指中指做成一个圆形（大指节向外突），各用指尖将笔杆夹住；食指在中指上和中指相并，把第一节里面的中间段倾斜地枕搁在笔杆外面；无名指指背的指甲和肉相交处贴住笔杆的里面，小指更贴住无名指。虎口朝天，作圆形；掌心空虚，可以放一个大鸡蛋；手臂搁在桌上，手腕稍稍悬空。写字时，五指一起用力；大指向外拒，中指向内扺，食指向内钩，无名指向外弹，小指帮助无名指。凡写横直撇捺等，用中指向右下或左右微微地用力压迫。食指小指便微微地退却；写钩和回笔用无名指斜弹，中指稍放松。

（丁）写字时，时时把指尖盘旋笔杆，以使笔锋面面用到，不易损坏。

（戊）横、直、撇等的起笔处，横和垂露式直的收笔处，最好各有回笔。

（35）摹写（或称印写）、临写（用范书字帖）、自由写（不用样本），应交互参用。但初学时得从摹写入手，以便学习执笔运笔等方法。

（36）练习时，须依照年龄能力，分组分团。高年级尤应多采用合于儿童个性的范本指导儿童临摹。

（37）写字教学的时间支配，应采用“分布练习”的原则（就是每周次数多，时间少……）。

（38）应令儿童参观教师和同学的写字的实际动作，以便指导改进。

（39）须时长定期举行比赛练习。

浒关第二小学王家鳌老师所选编的一年级辅助国文读物

三只猫

有三只猫：一只大猫，一只中猫，一只小猫。

大猫住大房子，中猫住中房子，小猫住小房子。

大房子里，有一只大床，是大猫睡的。中房子里，有一只中床，是中猫睡的。小房子里，有一只小床，是小猫睡的。

大床的右面，有一只大凳子，是大猫坐的。中床的右面，有一中凳子，是中猫坐的。小床的右面，有一只小凳子，是小猫坐的。

大床的左面，挂着一件大衣服，是大猫穿的。中床的左面，挂着一件中衣服，是中猫穿的。大床的左面，挂着一件小衣服，是小猫穿的。

大凳子上，有一大碗饭，是大猫吃的。中凳子上，有一中碗饭，是中猫吃的。小凳子上，有一小碗饭，是小猫吃的。

大猫吃饱了饭，穿了大衣服，到山上去了。中猫吃饱了饭，穿了中衣服，也到山上去了。小猫吃饱了饭，穿了小衣服，也到山上去了。

大猫跑到山上，碰着了一个仙人。中猫跑到山上，碰着大猫和仙人。小猫跑到山上，碰着中猫、大猫和仙人。

大猫对仙人鞠躬，仙人对大猫笑笑。中猫对仙人鞠躬，仙人对中猫也笑笑。小猫对仙人鞠躬，仙人也对小猫笑笑。

后来仙人搀了大猫的手，说道："大猫啊！你这样的大，真气概哪。"仙人搀了小猫的手，说道："小猫啊！你这样的小，真玲珑哪。"仙人搀了中猫的手说道："中猫啊！你最好了，你是不大不小，生得真好看哪。"

大猫对仙人说道："仙人啊！你到我家里去吗？我家里有一只很好的床，你可以睡的。"中猫对仙人说道："仙人啊！你到我家里去吗？我家里有一只很好的椅子，你可以坐的。"小猫对仙人说道："仙人啊！你到我家里去吗？我家里有一件很好的衣服，你可以穿的。"

仙人对其大猫说道："我的精神很好，不要睡。"仙人对中猫说道："我的脚力很好，不要坐。"仙人对小猫说道："我的身上不冷，不要穿衣服。"

大猫要拖仙人回去；中猫也要拖仙人回去；小猫也要拖仙人回去。仙人就逃走了。①

① 王家鳌．浒关第二小学"国语进行"上的大略报告和第二年所发现的两个困难问题 [J]. 国语月刊，1922（5）：5.

浒关第二小学王家鳌老师所选编的二三年级辅助国文读物

小傻子

小傻子本来姓程，名字叫做香儿。人家看他所做的事情，都有点儿呆气，所以就把小傻子三字来代替他的名字了。

他的父亲，是在铁路上做小工的。每月只赚几块钱，所以没有余钱，可以给妻子用了。幸亏得他的母亲，一天到晚，总是给人家洗衣服，赚下钱来，养活这小傻子。

一天，小傻子站在门前，看见走过一个送牛奶的人，挑了几十瓶牛奶，一家一家的送去，他十分奇怪了。就奔到屋里去问他母亲。母亲道："这是送牛奶的人呀！他这样的一瓶送到人家去，也许卖五六分银子咧。"小傻子说道："哦！牛奶！人家买了，有什么用处呢？"母亲道："你是可怜，生长在我们这样的苦人家，从没有吃过这好东西，这是滋补身体的食品呀！"小傻子说道："什么！这是滋补身体的食品吗？我们家里是也有的，为什么不装在瓶子里，天天挑出去卖呢？"母亲道："没有啊！"小傻子就指着盆里的肥皂水，说道："母亲啊！这不是滋补身体的牛奶吗？你为什么一天天要倒他到阴沟里去呢？"母亲道："你真是个小傻子啦！这是肥皂水呀！不能够吃的。"小傻子道："肥皂水！不能够吃的，我明白了。"但是他的心里却仍旧当做牛奶。

后来，他的母亲，到河边去洗衣服了。他坐在小凳子上，想起了方才说的牛奶不牛奶，就把一只碗，到盆里舀了一碗肥皂水。他一路吃一路还自言自语的说道："好滋味哪！吃了是滋补身体的。好滋味哪！吃了是滋补身体的。"吃了一碗，又是一碗。小傻子的肚子里，吃得饱极了。一阵反胃，把吃下去的肥皂水，和没有消化的饭、菜，一起都呕了出来。这时候他的母亲洗好了衣服进来。小傻子就说道："母亲啊！我上了你的当了。

险些儿呕死。”母亲道：“你这小傻子。”

过了几天，小傻子又站在门前了。他看见走过一个卖鳝鱼的人，挑了一担鳝鱼，嘴里卖鳝鱼卖鳝鱼的喊，他又不懂了。就问他的母亲。母亲道：“这是鳝鱼，可以吃的。”小傻子说道：“哦！鳝鱼！可以吃的，他的滋味怎么样？”母亲道：“你是可怜，生长在我们这样的苦人家，从没有吃过鳝鱼，所以莫怪你不懂，其实他的滋味，是很好的哪！”小傻子说道：“啊！既然鳝鱼的滋味很好，我们家里是也有的啊！为什么不时常捉来吃呢？”母亲道：“没有啊！”这时候恰巧有一条小蛇，从墙角游出来。小傻子就指着小蛇说道：“母亲啊，这不是可以吃的鳝鱼吗？”母亲道：“你真是小傻子啦！这是蛇啊！不能够捉的。”小傻子道：“这是蛇，不能够捉的，我明白了。”但是他的心里，却仍旧当作鳝鱼。

后来他的母亲，又到河边去洗衣服了。他坐在小凳子上，呆呆地对那小蛇看，只见小蛇动也不动地围在柴堆旁边。他想现在母亲出去了，我可以捉鳝鱼啦。就奔过去在小蛇的尾巴上一把，那知道蛇是滑的，一连握了几个空。小傻子再去捉他，小蛇就回头过来，把他肩膀上一口。这时候小傻子痛极了就没命地乱喊。他的母亲，洗好了衣服进来了，小傻子就说道：“母亲啊！我上了你的当了。险些儿被鳝鱼咬死了。”母亲道：“你这个小傻子。”

小傻子从此以后，他再也不敢背了母亲做什么了。①

浒关第二小学王家鳌老师所选编的三四年级辅助国文读物

象为什么要怕老鼠

小白熊受了虎大王的委任，到狮大王跟前去说情，要求狮大王释放打死小狮王的小虎王，并且请愿每年贡兔、羊、猪，各三百只到狮国里。所

① 王家鳌 . 浒关第二小学“国语进行”上的大略报告和第二年所发现的两个困难问题 [J]. 国语月刊，1922（5）：3–5.

以狮大王虽没答应，心中却早已允许的了。哪晓得长鼻将军心存不良，就假意殷勤的招待小白熊，请小白熊到将军府里去饮酒。狮王看见长鼻将军，和他十分好，所以并没有拦阻；况且小虎王也是长鼻将军把他拘禁的，大约现在是去开放小虎王了，所以更不去拦阻他们啦。

小白熊跟了长鼻将军，走到将军府门首。只见长鼻将军鬼鬼祟祟的和许多手下的小象密谈。他并不疑惑，因为当做将军吩咐手下，怎样的来迎接我了，所以他只管大摇大摆地向将军府正门里走过去，忽然听得将军高声喊道："小白熊！你中了我的计了，小象们！来！来！来！快些把他擒住，也关到铁笼子里去！"那时，小白熊真是上天无路，入地无门，打也打不过，逃也逃不掉，只得由他们摆布啦。

虎大王自从差了小白熊出去以后，没一天不眼巴巴的盼望他带着小虎王回来。哪知道左等也不来，右等也不来；真所谓"望眼将穿"了，还是没有回来。他想："小白熊是我的心腹之将，无论狮大王允许不允许，他总要回来告诉我的，现在他一去不返，一定又被狮大王擒住了，我若兴师动众，和他们决一死战，慢说他强我弱，难以取胜；就是侥幸而胜，我的损失，一定也不少了。"所以他召集全国兵将，在虎王宫里商议，那时熊将军、猿将军，都是竭力主战，只有一个小黑鼠小将，不赞成战，情愿单自一人到狮国去设法救回小虎王、小白熊。因此说道："虎大王！熊老将军！猿老将军！请赐下将令，命小将到狮国，保管可以不伤一卒，不折一矢，稳稳将小虎、王小白熊一起救回来。"虎大王对他一看，说道："你小小的身材，有多大本领，敢说这样的狂话吗？"小黑鼠道："大王啊！小将并非大胆夸口，我可以立下军令状，然后出去，倘若不能救小虎王、小白熊回来，我情愿万剐千刀，死而无怨。"虎大王看他十分忠勇，就准他去了。

小黑鼠到了狮大王跟前，就把虎大王怎样抱歉，命小将来带小虎王回去惩办，以全邦交等话说了一遍。狮大王十分诧异的样儿说道："你来迟了！小虎王早已跟了贵国大使小白熊回去了。"小黑虎道："没有回来啊。"狮大王道："那末你去问长鼻将军罢，小虎王是他护送出境的。"小黑鼠就辞别了狮大王，往长鼻将军府里去了。

他走到将军府门首，许多守门的小象，都是靠着将军之势，拦阻着不许进去。幸亏得小黑鼠身材瘦小，被他一溜，竟进去了。那守门的小象，料想小黑鼠没有多大本领，所以不去追赶他了。他到了将军府里，东找西寻的忙了半天，还没有找到长鼻将军，因此十分忧急，后来听得许多小象，一齐喊道：“将军回府啦。”他想：“哦！怪不得我找了许久，找不到他，原来他不在府里。现在既然他回来了。我可以去问他小虎王、小白熊的下落了。”

他就走到长鼻将军面前，说道：“大将军啊！小将奉了虎大王的命令，到狮大王跟前来领小虎王回去治罪，哪晓得狮大王说，是大将军留住在府里，教我来领的。现在请大将军快把小虎王、小白熊，来给我带回去罢。”长鼻将军道：“小黑鼠！你说的话太荒唐了，谁留住小虎王、小白熊呢？你快走，还是你的造化；倘若不走，莫怪我把你踏死。”小黑鼠一听他的言语不对，明明想吓走我，我今天一定要问他要小虎王、小白熊的。因此假装逃走，等他没有防备就一跳钻进他的长鼻子里去了。

长鼻将军觉得鼻子里，很不舒服；就把鼻子卷了几卷，哪晓得反而痛起来了。小黑鼠在鼻子上咬了几口说道：“好长的鼻子啊！今天我不能咬破你的骨头，还有明天；明天不能，还有后天，总要结果你的命。”长鼻将军才明白被老鼠钻进鼻子里去了，十分着急的说道：“鼠将军！鼠伯伯！你快出来，饶了我罢！你要怎么样，都可以说的。”小黑鼠道：“我不要旁的，我只要小虎王、小白熊。”将军道：“我去开铁笼子，放他们出来。”他连忙奔到后面，把铁房子的门一开，再进去把铁笼子门开好，说道：“小虎王！小白熊！请出来罢！现在贵国有一位小黑鼠将军来迎接你们了。”那时小虎王、小白熊听得有人来迎接，自然十分快活地说道：“来了，来了。”跟了长鼻将军就走。

走到将军府门口，将军喊道：“小黑鼠将军！请你出来罢！现在小虎王、小白熊都在这儿了。”小黑鼠就从长鼻子里钻出来一看，果然小虎王、小白熊都出来了，就跳出来跟了小虎王、小白熊回国。

长鼻将军等到他们都去远了，就召集全国的大象小象，把老鼠“钻进鼻子里去”这件事，说了一遍。从此以后哪怕很大很大的大象，遇到了极小极小的小老鼠，没有不逃走的。①

小学战时国语补充教材

教育部战区中小学教师四川服务团教材编辑组编

综合《教与学》月刊1938年第3卷第10期

小学低年级用：

敲锣鼓

（一）

去年春节在家乡，大家欢聚在一堂。你敲锣，我敲鼓，声音敲得真响亮。

（二）

现在家乡失去了，丢了锣鼓没有敲。锣鼓不敲还罢了，想起家乡真烦恼。

（三）

莫烦恼，莫烦恼，大家一心把国保；等到杀退鬼子兵，回家再把锣鼓敲。

教学要点：

每年春节中，儿童多爱敲锣鼓，本篇即取材于此。旨在触发儿童怀念故乡的情趣，更由此激励其抗战报国的热忱。

教学前可从春初社会事实引起动机。

诵习时应令儿童回想过去春节中敲锣鼓的兴趣，并征询今年的感想，使共同发挥愈见。

① 王家鳌．浒关第二小学“国语进行”上的大略报告和第二年所发现的两个困难问题 [J]. 国语月刊，1922（5）：2-3.

关于家乡、欢聚、烦恼、响亮及敲锣鼓等字，初学较感困难，宜用闪烁片反复练习。

杏花

每年二月，江南一带的杏花都开放了，真是好看。

现在又到了杏花盛开的时候了，但是江南已被敌人强占，美丽的杏花也只好听任敌人去玩赏了！

这样好的地方，我们就让给敌人了吗？不！我们要赶快振作起来，把敌人赶出我们的国土，收复我们美丽的江南。

教学要点：

本篇主旨在抒写盛开杏花的江南，已经被敌人强占，可爱的杏花无从欣赏，借以激发儿童抗敌的情绪。

教者已采杏花数枝并备中国地图，引导儿童欣赏杏花的优美，并明瞭盛产杏花的地点。

我们的家乡

我们的家乡，交通便利，商业兴旺，有高山，有大江，有铁路，有工厂。

我们的家乡，气候温和，土地优良，出产稻麦高粱，还有鸡鸭牛羊。

我们的家乡，金、银、煤、铁，地下藏，倘使要用它，只须努力去开矿。

我们的家乡，真是一个好地方，我们应当爱护我们的家乡，我们应当保卫我们的家乡。

教学要点：

本教材教学目的，在使儿童认识我们的家乡（国家），知道我们家乡的可贵可爱，而激起其爱护家乡、保卫家乡的情绪。

教者可从儿童日常生活中的衣、食、住、行而引起其动机。例如讲到吃的东西，便可谈到它的产地，因产地而引到我们的家乡。动机既已引起，教者便可将我们家乡的物产交通等作一概述，并进一层讨论我们应该怎样爱护我们的家乡，保卫我们的家乡。同时将课文中的生字、难词、板书解释一下，然后指导儿童阅读课文，令一生读出，共同订正错误。阅读完后可令儿童略述大意，或做有系统的问答，再加以不同方式的反复诵读，和字句练习。最后可与儿童讨论我们家乡的如何可爱，如何被敌人侵占，以及我们如何爱护，如何保卫，以便发表儿童的思想，如能将课文配以乐曲，使儿童歌唱更佳。

中年级用：

黄老头子放火

黄老头子苦了一辈子，今天他的新茅屋造成了。屋里燃着一堆通红的蜡烛，又劈劈拍拍地放了一阵鞭炮。张老板、李大妈、王四瞎子许多邻人都来替黄老头子道喜，黄老头子快乐得眼泪都要流下来了。

黄老头子备了许多菜，请客人吃饭，大家猜拳喝酒，正在高兴的时候，忽然一阵枪声，吓得各人面如土色。还是黄老头子胆大，走到门外面，远远一望，不觉大声喊道："不好了，日本鬼子来了！"大家一听，有的东奔西跑去逃命，有的咬牙切齿去抵抗，黄老头子舍不得离开他的新茅屋，躲在屋后的草堆里。

三个穿黄色制服的的日本鬼子，走到草堆的前面，不幸黄老头子给他们发觉捉住了。

日本鬼子怕茅屋里有中国兵，不敢前进。强迫着黄老头子去放火。黄老头子愿意去放火吗？不！他决不愿意；但是三枝枪一齐对准他的胸膛。黄老头子不能白白丢掉他的老命，只好去放火烧他自己的新茅屋。一会儿，红光漫天，夹着些劈劈拍拍的声音。黄老头子心如刀割，眼泪直流。

东边，又是一阵劈劈拍拍的声音，黄老头子正想躲避，忽然有几个刚刚在他家里喝酒的朋友跑来说："三个日本鬼子都给我们打死了。"

教学要点：

这是暴露倭寇暴行的故事，暗示着懦怯逃命不如奋勇杀敌的意思。

篇中有三个劈劈拍拍的声音，而情节各不相同。又黄老头子请客，放火系用"明写"，敌人的闯入和被乡民袭击系用"暗写"。一则详细，一则简略，并且都用惊人的文字，先述声音，后述原委。这些，都可以同儿童加以讨论，使他们知道作文剪裁和布局的方法。

黄老头子的为人和他的朋友袭击敌人的谋略，以及有些东奔西跑只知道逃命的人……都要一一提出加以批评。

原文包容了道喜、遇敌、毁屋、杀敌各段落，如果设计编成剧本，须穿插许多道白和表情的动作，演来一定很有趣味。

不合作的牛

有四条牛，聚在一块草地上吃草，吃饱了，同在草地上休息，口渴了，又同到溪边饮水，生活很是快乐。忽然来了一只狮子，想要吃牛。但是看见四条牛既是庞然大物，又是聚在一处，恐怕他们联合起来，和他敌对，因此不敢走近他们。狮子想来想去，没有办法，只得远远站着，馋涎欲滴地看着他们。

后来，四只牛为了一点小事，彼此大闹意见，争论多时，没有解决，于是一哄而散，各自走开，你不顾我，我不顾你。狮子看见四条牛不能合作，心想他吃牛的机会到了，非常欢喜。

狮子走近一条牛的面前，牛并不表示抵抗。狮子便凶猛地向牛扑来，牛呜呜地大呼救援，可是另外三条牛，好像没有听见似的，仍旧各吃各的草，不联合起来抵抗狮子。狮子大胆地把一条牛吃完，就开始吃另一条牛，结果四条牛都同归于尽了。

高年级用：

梅花和樱花

时光老人送别了残冬，迎进了初春，大地上开始拂着和煦的春风。但是原野的花木，受了几个月霜雪的侵蚀，仍旧露着枯瘦的骨架，不敢伸出他们的枝叶。

梅花却不怕寒风的摧残，不怕冰雪的威胁，不用枝叶来荫蔽，首先在大地上开出秀丽的花朵，吐出芬芳的清香，使人看了增加清新刚健的气概，真不愧为做中国的国花。

和梅花同时开放的花就是称作日本国花的樱花，花瓣的形状和梅花十分相像，植物学者把它们归入蔷薇科。不过樱花的花柄较长，颜色略红，在风中摇摇摆摆，如同醉汉一样，所以开花不久，花瓣就脱落下来。

日本的人民当着樱花盛开的时候，争先到公园去游玩，以为是一年最快乐的时节。不料自从日本的军阀向中国挑战以后，数十万男子迫做炮灰，数万万金钱化为流水。妻子看不见自己的丈夫，儿子看不见自己的父亲，对着那鲜艳夺目的樱花，格外觉得烦恼、愤恨。并且有许多厌战的青年，索性吊在樱树上自尽。于是，热闹的樱花下面，平添了无数的冤魂。

梅花不顾敌人的哀乐，不管樱花的盛衰，年越老，花越香，当樱花开放的时候，梅树上已结着累累的梅子了。

教学要点：

本篇要旨：一方面说明中国国花的特色，另一方面说明日本国花在战争中发生的悲剧。——在形式方面，使儿童明白两件事物并写的方法；在实质方面，使儿童明白敌人厌战情形的一斑。

教学前应采取梅花数枝，并备梅花和樱花的挂图，就形态上略作比较、说明，然后引入本文。——如自然课本中有梅花和樱花的教材，并兼联络研究。

引导儿童推究战事发生后，日本人民对着樱花增加愤慨的原因。

文字方面，务须体会本篇书写两种国花的两个“意境”。令儿童仿作《桃花和杨柳》或《中国孩子和日本孩子》的会话。

陵园之春

紫金山上的雪还未化尽，在春的阳光下，和那时时变幻的山色相映成趣，再加上天文台的银顶，更觉清新。这是京城之春的第一景色。走出中山门外，便觉到这愉快的春意，展开在眼前。在路旁的柳条上，已露出点点的嫩芽，再过几天便要抽条了。沿这一带平坦的马路走去，直到中山陵前，三三两两的游人，步上几百层石级去瞻仰总理的遗容。

陵墓下面，有一座高大的白色建筑物，那是中国最伟大最美丽的郊外音乐台，在音乐台的四周，开放着许多不知名的小花。更有那水泥路旁的古树，在他老的躯干上，生出新的嫩芽，好像告诉人们：春是宝贵的，春是再造的。

从音乐台下的曲径，可到那曾经集合全国健儿们竞赛的中央体育场。从体育场北去，便是昔日已无樑殿、牡丹花著名，今日以纪念堂为号的灵谷寺。这里经了好几年的经营，已成巍然大观，里面刻满了千古不朽的烈士姓名。纪念堂后，树着高矗山腰的革命军阵亡将士纪念塔，苍翠松柏之下，长眠着千千万万的忠魂。坐在园亭里，听春雨，聆松涛，也是至高无上的陶情处所。还有那金碧辉煌的藏经楼，山环水抱的流徽榭，也都在陵园区内。

明孝陵的古老，无论何人走入那一条阴暗的隧道，总不自主的发生幽邃之感。紫霞洞的清泉，也是自古有名的。加入你去的时候，刚刚是几番春雨之后，那么涓涓的新泉，夹着声声的梵钟，会把你的情绪缭绕着不忍离去。

由紫霞洞走到完备的陵园花房，那里面一年四季开着芬芳馥郁的鲜花。

从这里沿着四方城回到坦阔的中山路上，新的建筑正与蓬勃的春意，努力进行。宫殿式的希腊式的以及罗马式的房屋，满布在这十多里长的道旁，行人都带着春意，济济跄跄地在人行道上来往。

一切都显示着“春之力”，一切都在欣欣向荣的道路中勃发，告诉人们再过五年或十年，我们的京都将变成为现代最雄伟的都市，并且保留着它那东方特有的色彩。

可是而今呢？这正在春气孕育中的首都已被倭寇践蹈了，毁灭了。这是永久的吗？不会不会！倭寇虽然毁灭了我们辛苦经营的首都，但毁灭不了我们中华民族的“春之力”。我们只要坚持着再造的“春之力”，继续的奋斗，终有收复我们首都的一日。

教学要点：

本篇记叙陵园的风景，旨在引起儿童爱慕首都并准备收复的热忱。

教学时应搜集陵园的图片，以资欣赏和参录。

篇中记叙陵园附近的名胜甚多，应注意以下各点：（一）各种名胜的地点，可设计绘一平面图，以清眉目；（二）提明段落人意，各种名胜记叙时安排的顺序；（三）描写的字句；（四）将同类的记叙文作比较研究；（五）仿作或改作一段。

什么叫做“春之力”，怎样实现这“春之力”，应作具体的□□。

《短期小学课本》第二册

国立编译馆编

商务、中华、世界、正中书局印行，1935年10月初版

学国语

中国许多人，只会说土话。你说我不懂，常常闹笑话。

要是学国语，同说一种话。你懂我也懂，一国像一家。

国立编译馆编《初级小学国语常识课本》第五次修订本

中华书局1948年版

第十课 稻和麦，谢谢农夫

农夫种稻，种稻辛苦。我们吃饭，谢谢农夫。

农夫种麦，种麦辛苦。我们吃面，谢谢农夫。

第十七课 我家的亲戚（常识）摇到外婆桥（国语）

摇摇摇，摇到外婆桥。外婆叫我好宝宝，

问我妈妈好不好。我说妈妈好。

问我爸爸好不好。我说爸爸好。

外婆听了眯眯笑。

参考文献

一、资料

[1] 台湾地区语文教育的现状和当前的需要 [A]. 中国第二历史档案馆藏档案，教育部档，第5–12283号 .

[2] 国语推行委员会常委会会议记录 [A]. 中国第二历史档案馆藏国民政府教育部档案，第5–12295号 .

[3] 文字改革出版社编辑组 .1913年读音统一会资料汇编 [M]. 北京：文字改革出版社，1959.

[4] 内蒙古自治区档案馆 . 内蒙古民族团结革命史料汇编 [M]. 呼和浩特：内蒙古自治区档案馆，1983.

[5] 陈学恂 . 中国近代教育史教学参考资料 [M]. 北京：人民教育出版社，1987.

[6] 中国第二历史档案馆 . 民国时期文书工作和档案工作资料选编 [M]. 北京：档案出版社，1989.

[7] 宋恩荣，章咸 . 中华民国教育法规选编（1912–1949）[M]. 南京：江苏教育出版社，1990.

[8] 中国第二历史档案馆 . 中华民国史档案史料汇编 · 第三辑 · 教育 [G]. 南京：江苏古籍出版社，1991.

[9] 中共中央统战部 . 民族问题文献汇编（1921年7月 –1949年9月）

[G]. 北京：中共中央党校出版社，1991.

[10] 黎锦熙 . 国语研究调查之进行计划书 [J]. 教育杂志，1918，10（3）:7–9.

[11] 蔡宏源 . 民国法规集成 [M]. 合肥：黄山书社，1999.

[12] 卢秀璋 . 清末民初藏事资料选编 [M]. 北京：中国藏学出版社，2005.

二、编著

[1] 庄俞，沈颐 . 共和国新国文 [M]. 上海：商务印书馆，1912.

[2] 樊平章等 . 新法国语教授案 [M]. 上海：商务印书馆，1920.

[3] 胡以鲁 . 国语学草创 [M]. 上海：商务印书馆，1923.

[4] 华超 . 新学制国语教科书阅读测验 [M]. 上海：商务印书馆，1926.

[5] 龚学遂 . 中国民族海外发展状况 [M]. 大华书社，1929.

[6] 赵欲仁 . 小学国语科教学法 [M]. 上海：商务印书馆，1930.

[7] 马福祥 . 蒙藏状况 [M]. 北京：蒙藏委员会，1931 .

[8] 朱麟，韩棐 . 南洋华侨国语读本教授书 [M]. 北京：中华书局，1932.

[9] 白占友 . 中国文字改进问题 [M]. 天津：天津南洋书店，1934.

[10] 顾志贤 . 复兴国语教学法 [M]. 上海：商务印书馆，1934.

[11] 教育部 . 第一次中国教育年鉴（乙编第一章）[M]. 上海：开明书店，1934.

[12] Karlgren. 中国语言学研究 [M]. 贺昌群，译 . 上海：商务印书馆，1934.

[13] 吕伯攸，杨复耀 . 小学国语读本教学法 [M]. 北京：中华书局，1935.

[14] 范义田 . 云南边地民族教育要览 [M]. 昆明：云南省义务教育委员会，1936.

[15] 台维斯 . 云南各夷族及其语言研究 [M]. 张君劢，译 . 上海：商务

印书馆，1941.

[16] 陆静山，杨明志 . 少年国语文选 [M]. 桂林：文光书店，1945.

[17] 罗常培 . 中国人与中国文 [M]. 上海：开明书店，1945.

[18] 庞任公，等 . 国语教学实施报告 [M]. 上海：上海市教育局国民教育处，1946.

[19] 俞湘文 . 西北游牧藏区之社会调查 [M]. 上海：商务印书馆，1947.

[20] 倪海曙 . 中国拼音文字运动史（简编）[M]. 上海：上海时代书报出版社，1948.

[21] 中华年鉴社 . 宗教与语言 [M]. 北京：中华年鉴社，1948.

[22] 叶克 . 怎样学国语 [M]. 大连：大众书店，1948.

[23] 张耀翔 . 儿童之语言与思想 [M]. 北京：中华书局，1948.

[24] 林耀真 . 华侨新国读本 [M]. 爪哇泗水市：泗水远东馆，1949.

[25] 魏冰心 . 小学国语教师手册 [M]. 北京：中华书局，1949.

[26] 倪海曙 . 中国语文的新生 [M]. 上海：上海时代书报出版社，1949.

[27] 文字改革出版社编辑组 . 清末文字改革文集 [M]. 北京：文字改革出版社，1957.

[28] 边疆论文集编纂委员会 . 边疆论文集 [M]. 台北："国防研究院"，1964.

[29] 王树枏，等 . 新疆图志（1–6）[M]. 台北：台湾文海出版社，1965.

[30] 方师铎 . 五十年来中国国语运动史 [M]. 台北：国语日报出版社，1965.

[31] 王聿均，孙斌合 . 朱家骅先生言论集 [M]. 台北"中研院近史所"，1977.

[32] 王力 . 汉语史稿 [M]. 北京：中华书局，1980.

[33] 陈学恂 . 中国近代教育史教学参考资料（中册）[M]. 北京：人民教育出版社，1987.

[34] 顾黄初，李杏保．二十世纪前期中国语文教育论集 [G]. 成都：四川教育出版社，1991.

[35] 多杰才旦．西藏的教育 [M]. 北京：中国藏学出版社，1991.

[36] 朱有瓛等．中国近代教育史资料汇编·教育行政机构及教育团体 [M]. 上海：上海教育出版社，1993.

[37] 胡适．胡适作品集 [M]. 台北：远流出版公司，1993.

[38] 魏永竹，李宣锋．二二八事件文献补录 [M]. 台北：台湾地区文献委员会，1994.

[39] 内蒙古教育史志资料 [M]. 呼和浩特：内蒙古大学出版社，1995.

[40] 徐特立．徐特立文存（第一卷）[M]. 广州：广东教育出版社，1995.

[41] 费锦昌．中国语文现代化百年记事（1892—1995）[M]. 北京：语文出版社，1997.

[42] 马文华．新疆教育史稿 [M]. 乌鲁木齐：新疆大学出版社，1998.

[43] 陈世明．新疆现代翻译史 [M]. 乌鲁木齐：新疆大学出版社，1998.

[44] 钱玄同．钱玄同文集（第5卷）[M]. 北京：中国人民大学出版社，1999.

[45] 钱玄同．钱玄同文集（第3卷）[M]. 北京：中国人民大学出版社，1999.

[46] 何九盈．中国现代语言学史 [M]. 广州：广东教育出版社，2000.

[47] 吕达．陆费逵教育论著选 [M]. 北京：人民教育出版社，2000.

[48] 钱穆．再论中国文化传统中之士 [M]// 国史新论 [M]. 北京：生活·读书·新知三联书店，2001.

[49] 李建国．汉语规范史略 [M]. 北京：语文出版社，2003.

[50] 汪晖．现代中国思想的兴起 [M]. 北京：生活·读书·新知三联书店，2004.

[51] 西藏自治区社科院，等．近代康藏重大事件史料选编（第二编上）[M]. 拉萨：西藏古籍出版社，2004.

[52] 杜成宪，丁钢.20 世纪中国教育的现代化研究 [M]. 上海：上海教育出版社，2004.

[53] 曹明海，陈秀春 . 语言教育文化学 [M]. 济南：山东教育出版社，2005.

[54] 洪宗礼 . 母语教材研究（3）中国百年语文教材评介 [M]. 南京：江苏教育出版社，2007.

[55] 潘蛟 . 中国社会文化人类学 / 民族学半年文选（上）[M]. 北京：知识产权出版社，2009.

[56] 李明宇 . 中国语言规划论 [M]. 上海：商务印书馆，2010.

[57] 戴庆夏 . 双语学研究：第 3 辑 [M]. 北京：民族出版社，2011.

[58] 罗常培 . 语言与文化 [M]. 北京：北京出版社，2011.

[59] 杨慧 . 思想的行走：瞿秋白“文化革命”思想研究 [M]. 北京：北京商务印书馆，2012.

[60] 郑信哲，周竞红 . 民族主义思潮与国族建构：清末民初中国多民族互动及其影响 [M]. 北京：社科文献出版社，2014.

三、期刊杂志论文

[1] 博山 . 全国初等小学均宜改用通俗文以统一国语 [J]. 东方杂志，1911（3）.

[2] 马裕藻 . 小学国语教授法商榷 [J]. 东方杂志，1912（9）.

[3] 李启元 . 论小学国语教授宜特别注意 [J]. 京师教育报，1914（4）.

[4] 皕诲 . 国语统一之希望 [J]. 进步，1915（4）.

[5] 国语研究会宣言 [J]. 清华周刊，1916（77）.

[6] 沈慎乃 . 通信 [J]. 新青年，1916（1号。

[7] 赵亮伯 . 教授小学国文之研究 [J]. 中华教育界，1916（7）.

[8] 陈哲甫 . 论语言统一之益 [J]. 官话注音字母报，1917（34）.

[9] 黎锦熙 . 国语学之研究 [J]. 民铎杂志，1918（6）.

[10] 黎锦熙 . 国语研究调查之进行计划书 [J]. 教育杂志，1918（3）.

[11] 张一麐 . 我之国语教育观 [J]. 教育杂志，1919（7）.

[12] 范祥善 . 怎样教授国语 [J]. 教育杂志，1920（4）.

[13] 何仲英 . 白话文教授问题 [J]. 教育杂志，1920（2）.

[14] 吴敬恒（吴稚晖）. 答评国音字典例言 [J]. 时事新报，1920-11-28（1）.

[15] 云六 . 国语教育的过去与将来 [J]. 教育杂志，1921（6）.

[16] 范祥善 . 教学国语的先决问题 [J]. 教育杂志，1921（6）.

[17] 胡适 . 国语运动的历史 [J]. 时兆月报，1921（5）.

[18] 叶绍钧 . 小学国文教授的诸问题 [J]. 教育杂志，1922（1）.

[19] 欧阳润 . 湖南宝庆隆中团的国语状况 [J]. 国语月刊，1922（8）.

[20] 江西国语传习所历程 [J]. 国语月刊，1922（5）.

[21] 程骏 . 国语底危险 [J]. 国语月刊，1922（5）.

[22] 黎锦熙 . 国语教育底三步 [J]. 国语月刊，1922（6）.

[23] 盛先茂 . 湖南国语的状况 [J]. 国语月刊，1922（4）.

[24] 教育部国语教育进行概况 [J]. 国语月刊，1922（6）.

[25] 王家鳌 . 浒关第二小学"国语进行"上的大略报告和第二年所发现的两个困难问题 [J]. 国语月刊，1922（5）.

[26] 王家鳌 . 高等小学的国文应该快改国语 [J]. 国语月刊，1922（3）.

[27] 周作人 . 国语改造的意见 [J]. 东方杂志，1922（17号。

[28] 周光 . 日本长崎华侨国语消息 [J]. 国语月刊，1922（8）.

[29] 蔡元培 . 国语的应用 [J]. 国语月刊，1922（1）.

[30] 朱有成 . 乡村地方推行国语的难处和救济的方法 [J]. 国语月刊，1922（8）.

[31] 北京高师实验学校试用国语读本后之报告 [J]. 教育杂志,1922(6）.

[32] 黎巾卉 . 国语在东南各省的发展 [N]. 晨报五周年纪念增刊，1923-12-01.

[33] 新．国语与国体之关系 [N]. 申报，1923-05-30.

[34] 黑龙江省城自施行国语教育以来的状况 [J]. 国语月刊，1923（12）.

[35] 吉林省促进国语办法 [J]. 国语月刊，1923（12）.

[36] 舒新城．道尔顿制与小学国语教学法 [J]. 教育杂志，1924（1）.

[37] 吴研因．小学国语教学法概要 [J]. 教育杂志，1924（1）.

[38] 何仲英．小学教师的国语参考书 [J]. 教育杂志，1924（10）.

[39] 点公．要团结全国民众必先语言统一 [J]. 东方评论，1925（5）.

[40] 李晓晨．前期小学国语教学概要 [J]. 新教育，1925（1）.

[41] 范祥善．小学国语教学法的将来 [J]. 新教育，1925（3）.

[42] 吴有容．国语言文一致的暗礁 [J]. 新教育评论，1926（25）.

[43] 曾紫绶．边疆教育问题之研究 [J]. 教育杂志，1926（3）.

[44] 准予审定之教课图书表 [J]. 山东教育行政周报，1930（102）.

[45] 中小学教员一律用国语教授 [J]. 中央周刊，1930（93）.

[46] 徐阶平．小学校的语言教学 [J]. 中华教育界，1930（4）.

[47] 陈宝铨．语言文字与民族存亡之关系 [J]. 南中，1932.

[48] 董任坚．介绍一部儿童国语教科书 [J]. 图书评论，1932（2）.

[49] 梁上燕．小学低年级国语补充教材底研究 [J]. 教育论坛，1932（5）.

[50] 何孝宜．语言文字与民族盛衰之关系 [J]. 南华文艺，1932（2）.

[51] 胡梦华．国语两面观与国语运动之双轨 [J]. 人民评论，1933（22）.

[52] 老向．论小学国语中的爸爸妈妈 [J]. 众志月刊，1934（2）.

[53] 艾沙作，矫如述．新疆回民教育之回顾与瞻望 [J]. 边铎，1934（2）.

[54] 周淦．小学国语教科书确实成了问题 [J]. 时代公论，1934（31）.

[55] 杨振声．小学与小学国语 [J]. 国闻周报，1934（29）.

[56] 吴研因．关于“小学国语教材的批评”的检讨 [J]. 江苏教育，1934（10）.

[57] 黎锦熙．教育部定国语标准之检讨 [J]. 文化与教育，1934（19）.

[58] 唐锦柏．中国的语言文字 [J]. 文化建设，1934（1）.

[59] 陈侠 . 小学国语教学中的研究指导 [J]. 江苏教育，1934（5–6）.

[60] 赵元任，皎 . 语言调查 [J]. 金陵女子文理学院校刊，1935（2）.

[61] 途友 . 拉丁化与方言统一 [J]. 大同月刊，1935（3）.

[62] 迟受义 . 儿童读物研究 [J]. 师大月刊》，1935（24）.

[63] 叶霖 . 国语教学上的语言统一训练问题的研讨 [J]. 安徽教育辅导旬刊，1936（28）.

[64] 陈侠 . 小学国语教师自省标准 [J]. 小学教师，1936（13）.

[65] 教部推行蒙藏回苗教育计划 [J]. 边疆半月刊，1936.

[66] 黄德安 . 短期义教如何注意国语的统一与普及 [J]. 湖南义教，1936（38）.

[67] 日本的语文侵略 [J]. 语文，1937（1）.

[68] 蒋协力 . 小学国语教学上的五多主义 [J]. 基础教育，1936（9）.

[69] 涂淑英 . 小学国语教学的我见 [J]. 南昌女中，1937（5–6）.

[70] 方东澄 . 边疆教育问题概论 [J]. 边疆半月刊，1937（2）.

[71] 吴宗济 . 调查西南民族语言管见 [J]. 西南边疆，1938（1）.

[72] 吴宗济 . 拼音文字与西南边民教育 [J]. 西南边疆，1938（2）.

[73] 芮逸夫 . 西南民族语文教育刍议 [J]. 西南边陲，1938（2）.

[74] 贾继英 . 如何改进战时西北的回民教育 [J]. 边疆半月刊，1938（10–12）.

[75] 新西康之全貌：土著之语言文字及社会生活 [J]. 经济研究，1940（2）.

[76] 吕朝相 . 小学国语科教学之实际问题 [J]. 国民教育，1940（9）.

[77] 李有义 . 推进边教的几个实际问题 [J]. 今日评论，1941（14）.

[78] 王一影 . 泛论边疆夷族青年的教育训练 [J]. 边政公论，1941（3–4）.

[79] 陈丹企 . 国语与方言 [J]. 中国语文（上海），1941（3–4）.

[80] 闻宥 . 西南边民语言的分类 [J]. 学思，1942（1）.

[81] 梁瓯第 . 川康区倮罗织教育 [J]. 西南边疆，1942（15）.

[82] 孔士豪 . 新新疆建设三要 [J]. 新新疆，1943（2）.

[83] 穗子 . 方言统一的楔子 [J]. 文艺（南京），1943（1）.

[84] 陈恩凰 . 对于推进我国牧区教育之意见 [J]. 边疆通讯，1943（8）.

[85] 教育部边疆教育现状 [J]. 边疆服务，1943（5）.

[86] 姜琦 . 国语普及与民族主义 [J]. 现代周刊，1945（2）.

[87] 谢龙泉 . 谈训练边疆语文人才 [J]. 边疆通讯，1945（11–12）.

[88] 默 . 台湾的国语运动 [J]. 新语，1945（3）.

[89] 陈梦韶 . 福建之语言 [J]. 新福建，1945（6）.

[90] 台湾人热心学习国语 [N]. 申报，1946–11–06（6）.

[91] 刘松涛 . 谈谈初小国语的编写与使用问题 [J]. 教育阵地,1946（5）.

[92] 黎锦熙 . 国语边语对照“四行课本”建议 [J]. 文艺与生活,1947(2).

[93] 吴乃光 . 论台湾当前的教育及语文教授 [J]. 台南一中校刊,1947(1).

[94] 陈英洲 . 关于推行国语的私见 [J]. 台糖通讯旬刊，1947（10）.

[95] 事由：电令该校全体师生、县市转饬各级学校禁用日语合亟电仰遵照 [J]. 台湾地区政府公报，1947（60）.

[96] 周辉鹤 . 近年来边疆教育概况 [J]. 边疆通讯，1947（1）.

[97] 味橄 . 台湾的国语运动 [J]. 台湾文化，1947（7）.

[98] 黎晞紫 . 国际补助语与民族语的远景 [J]. 现代知识，1947（1）.

[99] 陈兆蘅 . 小学国语教材教法 [J]. 教育杂志，1948（12）.

[100] 台湾教育考察报告》，国立中山大学师范学院教育学研究所 . 教育研究，1948（110）.

[101] 赵荣光 . 小学国语字汇研究报告 [J]. 中华教育界，1948（4）.

[102] 马学良 . 边疆语文研究概况 [J]. 文讯，1948（6）.

[103] 准电禁止工商界各项单据使用日文语句一案希电转饬遵办 [J]. 台湾地区政府公报，1948（22）.

[104] 何容，朱宝儒 . 语言教育的重要在台湾：日本人是怎样统治台湾的 [J]. 国民教育辅导月刊（上海），1948（6）.

[105] 芮逸夫．中国边疆民族之语言文字及其传授方法 [J]. 中国边疆，1948（11）.

[106] 沈百英．小学国语教学上值得注意的几个问题 [J]. 中华教育界，1949（10）.

[107] 梁素人．新中国的少数民族教育问题 [J]. 中华教育界，1949（9）.

[108] 张国玺．从新疆语文说起 [J]. 西北世纪，1949（3）.

[109] 周双利．马克思、恩格斯论民族与民族语的形成 [J]. 内蒙古民族大学学报（社会科学版），1983（1）.

[110] 阎立钦．我国语文教育与近代以来社会变迁的关系及启示 [J]. 教育研究，1998（3）.

[111] 刘永燧．论民族语、母语和第一语言 [J]. 民族研究，1999（3）.

[112] 王远新．论我国少数民族语言态度的几个问题 [J]. 满语研究，1999（1）.

[113] 韩文宁．清末民初教科书出版述论 [J]. 江苏图书馆学报,2000(2).

[114] 额・乌力更．也谈母语和民族语言 [J]. 黑龙江民族丛刊,2000(3).

[115] 刘镇发．百年来汉语方言分区平议 [J]. 学术研究，2004（4）.

[116] 杨大方．民族地区中小学汉语教育的性质及汉语教育与民族教育之间的关系 [J]. 民族教育研究，2006（1）.

[117] 王泽民．试论民国时期的新语文政策 [J]. 新疆地方志，2007（2）.

[118] 赵杰．论西部开发与西藏新疆诸民族的语言文化教育 [J]. 宁夏社会科学，2007（1）.

[119] 郑亚捷．国语运动视野中的"边疆特殊语文"[J]. 中国现代文学研究丛刊，2008（4）.

[120] 哈正利．论我国少数民族语言文字政策的完善与创新 [J]. 中南民族大学学报》(人文社会科学版)，2009（5）.

[121] 崔明海．国语如何统一——近代国语运动中的国语和方言观 [J]. 江淮论坛，2009（1）.

[122] 季永海 . 论清代“国语骑射”教育 [J]. 满语研究，2011（1）.

[123] 贾猛、崔明海 . 认同与困惑：近代白话文推行的社会反应 [J]. 学术界，2011（6）.

[124] 姜莉芳 . 台湾少数民族语言教育历史嬗变述评 [J]. 百色学院学报，2012（1）.

[125] 曾毅 . 从民初国文教科书看“新教育”想象 [J]. 河北师范大学学报（教科版），2012（7）.

[126] 耿红卫 . 民国语文教学法的嬗变与特征 [J]. 教育评论，2013（4）.

[127] 王东杰 . 官话、国语、普通话：中国近代标准语的“正名”与政治 [J]. 学术月刊，2014（2）.

[128] 王艳 . 故纸温情——民国语文教材热背后的思考 [J]. 中国出版，2014（2）.

[129] 于锦恩 . 民国时期华文教育本土化探析——以国语文教材的编写为视角 [J]. 华侨华人历史研究，2014（3）.

[130] 秦和平 . 从清末巴塘官话认识藏汉民众交往 [J]. 福建师范大学学报（哲社版），2016（1）.

[131] 邓伟 . 试析五四时期语言文字建构的若干逻辑——以国语运动、白话文运动、方言文学语言为中心 [J]. 文艺理论研究，2016（1）.

[132] 范远波 . 中国百年小学语文教科书的人名、识字教育及其启示 [J]. 河北师范大学学报（教育科学版），2016（3）.